爱的语言

解读婚姻幸福的秘密

崔晓久/著

中国商业出版社

图书在版编目（CIP）数据

爱的语言：解读婚姻幸福的秘密 / 崔晓久著. --北京：中国商业出版社，2015.12
ISBN 978-7-5044-9199-2

Ⅰ. ①爱… Ⅱ. ①崔… Ⅲ. ①婚姻－通俗读物 Ⅳ. ①C913.13-49

中国版本图书馆CIP数据核字（2015）第279925号

责任编辑：陈鹰翔

中国商业出版社出版发行
010-63180647　www.c_cbook.com
（100053　北京广安门内报国寺1号）
新华书店总店北京发行所经销
北京中华儿女印刷厂印刷
*
880×1230毫米　32开　8.5印张　170千字
2016年1月第1版　2016年1月第1次印刷
定价：36.80元
* * * *
（本书若有印装质量问题，请与发行部联系调换）

目录 /contents

chapter 01

第一章　深度认识男人

愿得一人心，白手不分离。这自古就是每个女人的心愿。然而生活节奏如此之快、信息爆炸、科技发达的今天，交友软件百家争鸣，各种环境让邂逅变得轻而易举。女人那心底的小愿望似乎已经是一种奢望。当然，事情并非绝对，任何时代都有渣男，也都有好男人。所以，为了遇到对的好男人，身为女人，我们需要先深度认识男人。

婚姻中应远离哪三种男人？

婚姻相比爱情来说更像一面现实的镜子，所有的男人和女人在经过婚姻的洗礼后，或许变得更加成熟，或许变得更加颓废。反正，女人变了样子，男人也变了样子，爱情也变了样子。原来，婚姻有时候可以揭露和改变一切。人的本性或许在相互熟悉后，再也不加掩饰，暴露无遗！尤其是那些男人们，当实现了婚姻的目标，何必再去掩饰那种虚伪呢？于是，可怕男人随之出现！

一、超级暴力型

这种男人或许婚前表现得非常温柔，也或许就是脾气坏。当婚姻生活逐渐趋于平淡，这种男人开始暴露出自己的本性。他们或许用硬暴力，或许用软暴力来折磨女人，令女人不堪忍受！硬暴力是指那种用打骂的方式来实施的一种暴力，这样的男人依仗着比女人有力气，为了展示自己的威风，时不时对女人大打出手，实属可恶至极！而软暴力是指冷暴力，这种暴力包括对女人不理不睬，视若无人，空留女人在那死守婚姻。

可怕程度：五星级

造成暴力的原因：一，性格的原因。这种男人不是脾气特不好，就是在外面太窝囊，心情一不好就回家拿老婆来出气，实属窝囊的男人，只因，男女体力根本就不均衡，而想靠体力来征服女人往往会自食恶果。二，环境的原因。很多时候，是女人的软弱和纵容造就男人越来越猖狂，于是，第一次暴力实施后，不给他一点颜色看看而演变到时常发生家庭暴力。三，修养的问题。这样的男人原本就存在着男尊女卑的顽固思想，这种思想造成男女地位不平等，以为自己总是高高在上，所以，经常用暴力来显示自己的威风。

二、超级窝囊型

这种男人天生性格懦弱，没有一定的社会能力和责任感。婚后的生活常常使他依赖于女人，无论从精神上还是物质上，如同一个长不大的孩子需要的不是妻子，而是一个母亲。于是，他任性、好吃懒做，依靠着女人来撑起这个家，这样的男人不得不让女人鄙视，长此以往，不仅仅别人瞧不起他，就连女人也是感到拎着出去都感觉丢人。试想一下：如果嫁了一个这样的男人，还能感觉到男人的味道吗？这真是一种折磨！

可怕程度：五星级

造成窝囊的原因：一，性格问题。天生性格懦弱，没有主见，凡事总是依赖别人，缺少了男人的阳刚之气。二，环境问题。这样的男人往往有着一个比较强势的女人，婚后，女人全部包揽了一切，让男人变得越来越懒惰，以至于失去了责任感。

三、超级花心型

这种男人或许婚前就是花心大萝卜，只是，那时掩饰着自己。婚后的生活，使他彻底暴露本性。家中有花，外面有花，处处是花是他的宗旨。这样的男人不会忠于婚姻，一逮住机会，就会出去寻欢，空留女人独守这个所谓的婚姻。这样的男人分两种类型：一种是不加掩饰型，遇到这样的男人，女人欲哭无泪，或是忍耐着他到处寻花问柳，或是干脆了断这样的婚姻。另一种是虚伪花心型。这样的男人在家里表现的很本分，可是外面照样寻花问柳，随着时间的推移，一点点的蛛丝马迹让女人左右为难，这真是一种折磨啊！

可怕程度：五星级

造成花心原因：一，性格问题。这样的男人原本就是花心大萝卜，没有婚姻的约束感，婚姻也只是他的一个经历而已，可有可无。二，环境原因。现在这个花花世界里，男人不想花心都很难，尤其是成功的男人，又有多少主动投怀送抱的女人呢？所以，我们会看到一些不花心的男人也会经不住诱惑，从而失去婚姻的责任感，越陷越深。

哪四类男人最容易造就怨妇？

昨天同学到店里来，一起相约出去吃饭。饭间，我说：最近我简直成怨妇了，昨晚刚刚和老公干了一仗，天天加班，我是受不了了！家里现在里里外外全是我，忙完店里还得回家做饭辅导孩子，晚上空闲时还得写点东西，所以，火冒三丈！女儿说我真能叨叨，老公对我的暴躁表示不满，不知不觉中也朝怨妇靠拢了。同学A：不用说你，我最近也成怨妇了，家里最近搞装修超出预算一倍还得多，昨天，老公又问我要钱时，结果火冒三丈，抱怨十足了！同学B：快别说了，我家那位也是，也是加班加点的，昨晚回家说是不让他出去了，他照样如此，我也是怨声载道。这一下好，俗话说：三个女人一台戏，那么三个怨妇呢？是不是一出戏呢？

婚后女人很容易陷入抱怨，或因为生活的不如意、或因为情绪得不到合理的发泄，或因为索求太多，以至于抱怨随时发生。有因必有果，那么怨妇的背后都站着哪四类男人呢？

一、工作忙碌型

这样的男人很容易造就怨妇，就像老公最近持续加班加点，搞得家里十分狼狈，不知不觉中怨声四起。直到那一天我对他怒吼：赶紧换工作，受不了了！工作的忙碌使家里的担子都压在女人一人身上，如果女人在家做全职还好些，就怕是我们这样的，工作都忙。实在看不过眼的一方势必要冒火，尤其看着家里乱成了一团，饭有一顿没一顿的，孩子也是时常被忽略。那么，抱怨自然而起。

解决方法：必须有一方做出让步，做一点清闲的工作保持家庭温暖。经过商量，老公决定明年换工作或是我的店面明年放弃。只因，钱不是主要的，在能满足自身需求的状态下，不要舍弃家和孩子。

二、游手好闲型

工作忙碌会造就怨妇，而游手好闲更严重。这样的男人只知道到处游玩，根本就没有家庭责任感，无论在金钱上，还是家庭管理上全部依靠女人来解决。嫁给这样的男人如同领养了一个孩子，而且还是一个不听话的孩子。如果女人比较能赚钱还好些，就怕是女人也是辛苦赚钱，那么，不变成怨妇才怪呢！这时女人抱怨的话题主要和钱扯上关系，长此以往，皱纹会过早爬上女人脸庞。

解决方法：督促他上进，做一次长谈和沟通。如果，男人还是保持游手好闲的现状，那么，就真的要衡量一下自己生活的幸福度了。很多时候，没必要把幸福都浪费在一个游手好闲的男人身上。转身走人也不失一种上策。

三、花心游离型

很多女人往往在幸福的背后隐藏着苦涩的笑容，男人的四处沾花惹草令女人感到很憔悴。很多时候，抱怨和唠叨无果后，女人渐渐地陷入迷茫。男人依旧花心不改，女人依旧在盼望他能改好，于是，女人企图用抱怨和唠叨来劝导男人，岂知不但没有达到应有的效果，还引起男人的肆无忌惮。

解决方法：对症下药，如果还是爱他，或是还是舍不得离开这个家，那么，糊里糊涂的态度或许会使内心平静，只是忍字心头一把刀，选择忍还是离开看自己的选择。抱怨不会解决任何问题，只会使内心更乱。

四、大男子主义型

大男子主义的背后更易招女人的抱怨，正因为平时男人耀武扬威惯了，女人才在背后用抱怨来发泄不满。这种不满的情绪长此以往会使两人的距离越来越远。女人既不知该怎么缓解这种状态，又不知怎么释放心中的不满！

解决方法：一味的忍让和抱怨只会让自己处于弱势，面对一些不合理，也可以发表自己的建议，不过态度要委婉，免得弄巧成拙，引起男人的暴力！

男人最爱哪种女人?

自古红颜多祸水，明明知道是祸水，还是有许多人去爱！当祸水不易，做一个红颜祸水更不易。其实，男人都爱狐狸精，无论你多么咬牙切齿地痛恨着狐狸精，还是你口吐赃言大骂骚货而后快，狐狸精照样霸占着你的男人，这真是一件无可奈何的事！不过话又说回来了，大多数的女人生来也想做狐狸精，只是先天条件不足或是后天条件不够，只能望着别的女人嫉妒得眼睛发狂。我们每每看到这样一个可笑现象，如果你对一个女人说：你只适合做贤妻良母！大多这个女人表面上附和地笑，心里却在暗骂：为什么我只能做贤妻良母，服侍老公孩子，而让那些女人来享受爱情呢？不公平！呵呵！不管你内心里怎样的呐喊，狐狸精不是人人都做得了的！既然是狐狸精，那首要的条件就是外形漂亮而悦目，上天没有赐给你美丽的容颜，也注定你与狐狸精无缘。没有美丽的外表并不可怕，怕就怕在丑陋的容颜下有一颗既恶毒又肮脏的灵魂，那比美丽的外表下有一个丑陋的心更可怕！

狐狸精有很多种，并不是所有的狐狸精都会得到男人的爱。我们最常见的一种狐狸精就是那种男人一见了就有上床欲望的狐狸精，这种狐狸精大多有着曼妙的身材、漂亮的容颜，再就是勾人的眼神。可是，对于男人来说只有上床欲望而没有其他欲望的女人也只能结束在床笫之间。真正的狐狸精在修炼，只能引起男人上床兴趣的女人也只能算是一个还未彻底隐藏住尾巴的狐狸精。真正的狐狸精让你欲罢不能，让你日日想念，可望而不可及！历史上最出名的祸水狐狸当数妲己，既诱惑着男人的心，又成全着自己的野心！不过，这样恶毒的狐狸到了最后也只能落得尸首不全的结局。历史上最成功的狐狸当数武媚娘，逍遥妩媚间诱惑了君王的心，智慧大气间留下了千古芳名，这才是真正得道的狐仙。历史上最悲惨的狐狸当数杨贵妃，原本想清静过一生，却入了君王的眼，原本没有诱惑君王的心，却被当了替死鬼。历史上最有争议的狐狸当数貂禅，成了一段战争的祭品，空留吕布戏貂禅游戏人间。历史上最痴情的狐狸当数虞姬，风潇潇兮易水寒，英雄一去兮不复返。生是他的人，死是他的鬼。

其实男人和女人都是爱情种子，只是世俗扰乱了男人和女人的爱情幻想。男人一生中想拥有一个真正的狐狸精，而女人一生中也想真正过一把狐狸瘾。狐狸并不可怕，可怕的是人心的恶毒，男人真正爱的是一个妩媚的、善良的小狐狸，而女人真正爱的是永远把自己当成狐狸精的男人！

如果男人偷看 A 片怎么应对?

前天在家又看韩剧《顺风妇产科》，呵呵，被剧中的伍中兄弟逗的开怀大笑。剧情是这样的：下午兄弟俩同时早早的赶回家中偷看 A 片，正在两人看的过瘾的时候，伍中的女朋友突然进来，吓得伍中的哥哥一头倒在沙发上装睡。而只留下伍中还在那傻看，被进来的女朋友撞了个正着，场面突然尴尬的好笑 ~ ~ ~

现在的男人多多少少的都有点 A 片情节，因为 A 片不再像以前那么难找，上音像店就可以租到合适的 CD 盘，或在网上就可以搜到。于是，每个男人或多或少的在家里偷偷地欣赏着。有时候，无意中被妻子或别人撞见，赶紧装作看网页的正经样，令人忍俊不已。

所有的女人都在纳闷：为什么看似正经的男人也经不住 A 片的诱惑呢？甚至于有些女人发现自己男人偷偷看 A 片时会火冒三丈!

其实，男人爱看 A 片就相当于女人爱看情感剧一样令人费解。很多男人看 A 片既饱了自己的眼福，又发挥了自己的想象空间，这相当于一个心理自慰过程。面对片中的许多做秀表演，男人们也仿佛置于其中，从而达到自己的心理满足。自己以前曾看过一个杂志对于男人看A片的调查。记者问：喜欢和女友一起看吗？某男：可以和她一起看，但是一起看的时候会找一些难度小的片子看，这样可以使女友感到自己的伟大。呵呵，男人们在意自己的床上表现比在意自己的事业还让人感到惊奇！哈哈，这可能就是男人们那点小小的可爱之处吧。所以，偶尔撞见男人们在偷偷地看A片，也没必要大惊小怪的，一笑带过而已！

为什么现代男人都喜欢意淫?

昨晚遭遇退稿，感觉很沮丧。没事听着音乐，开着QQ。好友见我呆呆的，问之：怎么了？看你好像呆呆的。我黯然：退稿啊，人家编辑约稿我都没投中，是挺伤心的。好友笑：那有什么啊，稿子不是一投就中的。我说：关键是我不怎么了解现在的都市爱情，想不出什么新鲜刺激的故事。好友大笑：你已经够可以的了，还要想出什么样的爱情呢？我说：另类的，吸引眼球的，比如：白领也会爱上民工。好友晕：那怎么可能呢？根本就是两个层次的概念，一看就是假的。我说：民工是有钱人装的呗！也不知道现在的人喜欢看什么样的故事？好友笑：那你就写一些关于yy的故事。我晕：什么叫yy？好友笑：哈哈，就是意淫啊！

你不知道现在的人都喜欢意淫吗？我笑：真过时了，竟然连 yy 都不懂！还写什么悬情故事啊。

今早起床问老公：你喜欢意淫吗？老公纳闷：什么？我笑：意淫！老公答：喜欢！我晕：其实男人都挺喜欢意淫的，想象中的性比赤裸裸的性要刺激的多。比如：看 A 片或是黄色小说都是意淫的一种，通过观看别人的行为来想象自己的性行为。再比如高雅一点的意淫，就是看见异性脑子里突然有暧昧的想法。这种念头使自己瞬间亢奋许多。男人喜欢意淫的程度比女人要大得多，大多数的男人都喜欢看 A 片或是黄色小说，再就是网络意淫，通过视频或是语言的挑逗来达到性想象的空间，而这种行为让男人们乐此不疲。当我们嘲笑男人比较好色的时候，其实我们女人也不逊色。现在的女人越穿越大胆，眼神也越来越暧昧，怎么能不让男人们想象呢？

意淫时代的来临，欲望时代的来临，都使我们的心野了。于是，各种情感纷纷上演。允许男人们的意淫，也允许我们的想象，这个时代本来就是多变的，而有些事也只能睁一只眼闭一只眼罢了。

为什么男人总喜欢坏女人？

男人不坏，女人不爱。男人坏坏的总能使女人为之心动，恋爱中的女人对着自己喜欢的伴侣总是这样说：你好坏！而恋爱中的男人对着喜欢的女孩总是这样说：你真好！呵呵，可是越来越多的贤妻良母这样抱怨：为什么我为了他改变了许多，却发觉他离我越来越远。每天回家对我总是不冷不热的，在床上也是提不起性趣，这到底是怎么了？

其实，很多时候坏女人更能诱惑你的男人。因为坏坏的女人更能激起他的征服欲，有时候贤惠也会犯了错！男人们往往忽视了贤惠的妻子，而在外面寻找惹火的情人。有时候虽说情人无论相貌还是气质都比不上家里的妻子，但是男人们总是这样解释：在她身上我更能找到激情，因为她够辣！其实，这主要是会勾引的缘故。

坏女人更会解风情，她知道怎样使一个男人时刻保持激情。因为坏女人爱自己多过爱他人，总会给自己留点余地，叫男人们始终琢磨不透，始终保持一种想征服她的欲望。而一个乖乖女，每天总是一成不变的优雅样子，怎会吸引住你的男人？因为很多时候男人们也喜欢你变成一个“荡妇”。

坏女人身边总是围着许多的追求者，这本身就是一种吸引的魅力。因为男人们骨子里更喜欢一个有着率真性格的女子，坏女人正好有着这种魅力。很多时候坏女人敢做敢当，反而少了许多的娇柔做作，这使得男人们在她面前更能显示出自我。有时候坏女人大胆的勾引，使男人们欲罢不能。

在这个情感泛滥的年代里，学会做一个坏女人也需要很大的技巧。一成不变的乖乖女有时候会使我们活得很累，所以女人们不妨在做好女人的同时，也展示一下你的坏。因为，坏坏的样子更能迷倒你的男人。让你成为他的唯一，这又何乐而不为呢？既放松了自己，又迷倒了他人。世界会因为你的存在而变得更美丽。

什么样的男人容易从婚姻中逃跑？

为什么那么多的海誓山盟到了最后都随风而散？婚前的承诺终止在婚后的落跑，他为什么会逃跑？难道婚姻真的那么可怕，还是我做的就是不够好，女人在心里嘀咕。其实，很多时候并不是你做得不够好，而是天生有些男人就喜欢逃跑，即使他的身体没有逃跑，心早已不在你那里，也许有时候学会放手，才是对自己最好的保护。

一、天生居无定所的男人

这样的男人天生喜欢冒险，在他的生命里，女人只是一道风景，更多的时候他还是沉迷在独自的旅行里，四处的冒险是他的本性。而婚姻或许也只是一个驿站，嫁给这样的男人你不可能要求他的心全部在你的身上，只因为事业和其他的情感更适合他，这样的男人流浪于婚姻，居无定所。你根本就不知道他什么时候会回家，这样的家对于女人如同虚设，不是你不好，也不是他不好，只因为，他太适合流浪了，根本就不应该结婚。所以，面对他的逃跑，唯有默默地祝福，分开或许对谁都好。

二、太大男子主义的男人

也许是受了中国传统思想的影响，这样的男人太好面子，处处以自我为中心。如果恰好娶了一个比较强势的女人，面对他的逃跑应该不足为奇。这样的男人看不惯女人比他强，内心的自卑和外表的显现成正比，外表表现得越强硬，内心的自卑感越强。面对着越来越优秀的女人，他感到一阵阵的危胁，又无力改变现状，只有用逃跑来表示自己的强势。对于这样的男人，我们还是放跑他比较好，只因为优秀的男人有的是，而这样小心眼的男人只会阻碍我们人生的快乐。

三、本性好色的男人

男人本色，好色是人之本性。但是好色分两种，一种是色在心底，色而不乱。一种色在表象，看见所有的美色都想据为己有。这种既有色心又有色胆的男人，终有一天会游离于婚外，在他们的心底，外面彩旗飘飘，家里红旗不倒是一种光荣，如果有一天被发觉，除了离婚就是你忍耐。对于这样的男人我们总想他会学好，但是有一天终会发觉所有的努力都付诸东水，狗改不了吃屎正是应了这个道理，只要条件成熟他还是会逃跑。对于这样的男人，狠狠地踹他一脚，找到所有的背叛证据，净身让他出户，走的越快越好。

四、太贪慕虚荣的男人

如果说女人爱慕虚荣，其实对于男人来讲也是一样，只是有些人比较严重一些。这样的男人整日想着怎么去升官发财，一旦自己的地位改变或是有好的诱惑出现，就会嫌弃糟糠之妻，恨不能赶紧解脱来奔自己的大好前程。面对这样的男人只能无语，怪只怪人变化的太快，其实事情早已注定，性格决定一切。既然他那么爱慕虚荣，还是放他一马吧，免得害人害己，伤了自己的性命。

五、没有家庭责任心的男人

这样的男人如同长不大的孩子，婚姻也只是他好奇而已，结了婚以后，他照样每天玩乐，出入各种娱乐休闲场所，打架、赌博、嫖娼是常事。终于有一天你发觉他再也不爱回家，只因为外面的世界太精彩，他太好玩了，嫁给他如同养了一个孩子，弄得你身心疲惫。所以，他不回家，还是早点结束好，只因为我们实在没有足够的耐心去重新养一个孩子。他逃跑了，正合适。

婚后，哪三种男人最能诱惑女人？

婚后，女人发觉自己突然懂了很多，突然感觉自己到底需要一个什么样的男人，也突然能看清了男人的本质。也许，这就是生活，缘分占了很大程度上的比例。于是，当女人开始对生活感到不满，对男人感到不满，这时突然出现的男人会令女人砰然心动，直至发疯！那么到底是什么样的男人最容易诱惑女人的眼？

一、事业有成、成熟稳重的男人

这样的男人具有一种独特的魅力，不仅仅是他身上具有的成熟魅力，更带有一种强烈的男人味。也许，事业真是男人的肾，有事业的男人底气格外足，也充满着一种自信感。这样的男人令女人感到安全，婚后，女人突然发觉婚姻中仅有爱情是不够的，生活更需要面包来维持。于是，当女人发现自己竟然嫁了一个毫无能力的男人时，不仅仅大失所望，男人在她眼里渐渐失去了魅力。于是，事业有成、成熟稳重的男人更成了女人的向往。这时的女人不是败倒在他的容貌下，而是败倒在他的气质中！

二、甜言蜜语、讨女人欢心的男人

婚后，女人越来越感觉到寂寞，尤其看着男人越来越忙碌的身影，女人渐渐地感到孤独。女人心想：要那么多的钱有什么用，这空空的房子到底是不是家？如果，恰在此时出现一个会甜言蜜语，会讨女人欢心的男人，女人的心怎么会不游离？这样的男人知道女人需要的是什么，他会用甜言蜜语来诱惑你上钩，当寂寞了好久的女人突然被他的甜言蜜语所诱惑，当女人突然感觉到好久没有的心跳。女人的心开始游离，而这样的男人大多不仅仅需要女人的身体，更甚之是女人的钱。于是，很多女人为此不但失了色，也丧了财！

三、个性、浑身充满男人味的男人

这样的男人具有独特的个性，很容易就吸引到女人，他仿佛一个浪子，不停地在生活和女人中流浪，谁也不是他的终点。在他身上往往带有一种浓烈的艺术感和一种独特的人生魅力。女人往往被他的才华和男人味所吸引，婚后的枯燥生活导致女人更容易对爱情产生想象。他的出现会令女人眼前一亮，才华和不俗的谈吐仿佛让女人生活在梦中，也许，女人婚前还不敢嫁这样的男人。可是，女人婚后却有了一种勇气，遇到这样的男人对女人来说真是一个劫！如若失去了定力，女人很快就会陷入一场自制的诱惑中！

已婚男人的下半身都给了谁?

无聊中，她走进聊天室。在这个更多滋生一夜情或是多夜情的场所，她对找到好的聊友不抱什么希望。只是一个房间一个房间的乱转，突然她发现了一个很飘逸的名字，很成熟的一个头像，她决定和他聊会儿。她发出邀请：你好！他很快的回应。两个人聊的特开心。她说：很喜欢你的那个个人说明（爱就要淡淡的爱，喜欢就要狠狠的喜欢）。他笑：是啊，只有朋友之间才会这样！她茫然：可是我觉得这种感觉不是朋友之间的感觉，好像是情人之间的感觉。果然随着话题的深入，这个他逐渐往性的问题上靠拢，而且毫不掩饰地向她发出邀请。她一阵狂晕：呵呵，原来几乎每一个来这的男人，都有着同样的目的！那就是寻找一份激情的心跳，而他也未能免俗，真是高估了这个男人。于是她说：你泡女人的手段未免心急了一点，如果你一开始就不说得那么虚伪，也许我还会对你有点好感。最起码不那么虚伪，可是，如果本着虚伪的原则又何必缺少一份耐心那？这不会钓到一个有品味的女子！他笑：我是来寻找一种爱情的心跳，不是你想象的那样！她答：你这样也只能得到一种激情的心跳，不会得到爱的心跳！因为你的心中有了太多“性”的杂念，所以掩盖了许多爱的感觉。

他答：我的爱都给了我老婆，没法再给别人。她晕：呵呵，你是把爱都给了你自己，如果都给了你老婆，还至于来这寻找一份爱的心跳吗？

很久以来我们都认为男人是靠下半身思考的动物，很多男人追求一个女人只想得到应有的结果，只有发生质的改变，才使男人觉得真正拥有了你！结婚对许多的男人来说更多的充满了责任，这不仅包括要养家糊口、生儿育女，还要拥有自己的事业。于是许多的男人对于婚姻的思考慢慢的从下半身转移到上半身，而妻子们渐渐的感觉不到他的热吻，他的激情，仿佛一切属于下半身的行为都变成了例行公事。那么已婚男人把下半身究竟都给了谁？

一种已婚男人把自己的下半身都给了自己的妻子，这种男人像狗一样的忠诚，责任和爱是他的全部，在他的世界里没有出轨的概念，偶尔游离的思想出轨也很快的被自己的头脑所抑制。这种男人占据了大部分爱家男人的主流，虽说他有时候表现得力不从心，但是这都是基于生理上的原因，与其他无关。拥有这样的男人会很踏实，但是平淡的日子会使女人感到一种心理上的不平衡。

一种已婚男人把自己的身体分成两部分，上半身给了婚姻，下半身给了爱情。这种男人像猫一样不能满足于自己的婚姻现状，在他的一生中老是在寻找一份爱的感觉。如果碰到自己喜欢的女子会忍不住的去偷腥，但是每每觉得再激情的爱也没有家的温暖，于是既恋着家又迷恋着外面的风景。所以，现在的情人和二奶的增多就不足以为奇。拥有这样的男人会很累，因为你时常要保持一种警戒的状态，时刻为保卫自己的婚姻而奋斗！

一种已婚男人任由自己的下半身在外面游荡，这种男人像公鸡一样想统治全天下的母鸡，不停的游荡在外面，在他的脑子里只有他自己的欲念。于是，一夜性、多夜性、一夜情、多夜情在他身上随时发生。拥有这样的男人真是伤自尊的事，所以说大胆的丢弃他才是最好的选择。

总之，在现在这个感情多元化的年代里，每个男人都会随时改变自己的生活方向。所以说，拥有一个男人的上半身比拥有一个男人的下半身更让人感到踏实。

怀孕后，男人的下半身在哪？

当男人的花心如同A片一样的泛滥，女人突然感到恐慌，尤其孕期女人更是敏感加敏感。不自信和太在乎导致孕期恐慌越来越严重，女人始终不明白为什么男人总是走在出轨的边缘？到底是为了什么？虽然男人心里也咒骂着孕期出轨太不道德，可是，男人依旧出了轨，一直到孩子出生后，才有所收敛。当然并不是所有的男人都会去花心，一要看男人爱你的程度。二要看你自身的魅力。

那么，怀孕后男人的下半身到底在哪？看过一个研究表明男人每6分钟就会产生一次性幻想，当然我感觉也有点夸大其词，如果总是在工作，男人不可能总是在性幻想吧？可是，随着生活水平的提高，随着各种色情业的冲击，现在男人的性幻想肯定是提速了。尤其怀孕后女人的情绪敏感、繁重的家务劳动，以及自身的性焦虑，很容易让男人迷失他的下半身。

一、轻微思想迷离

当男人由最初知道女人怀孕的喜悦，一直到突然厌烦女人的孕期敏感，这是一个很正常的生理过程。如果恰在此时有一个红颜知己或是一个温柔的诱惑，男人未免给他找了借口，开始了轻微的思想迷离，而你恰恰又如娇小姐一样去折磨着男人，一般男人都会心生怨言，进而由厌烦代替了怀孕的喜悦。这时的你恰恰不要咄咄逼人，用别的方式来转移他旺盛的精力。比如：世界杯期间他喜欢看球，就由着他看，正好转移一下他的精力。平时也不要用怀孕的气势来压着他，进而来舒缓他的焦虑。当然整个怀孕期间也不是完全禁欲的，可以遵医嘱来适当房事。这样大部分有责任感的男人会克制自己，把下半身留在家里自己解决。

二、婚外性

任何时候都不要忘了男人是雄性动物，既然是雄性动物就有一定的冲动和非理性。婚外性的出现也许很自然，当几个狐朋狗友聚在一起彪酒，又恰好叫了几个陪酒小姐，在你眼中的老实男人很可能一夜情或是多夜情。虽然男人过后有点自责，但快感很快迷乱了他的心，下一次的婚外性只要条件合适又会上演。这时的你不要渴望男人会给你忠贞，他的下半身已经做出一定的背叛，只是背叛次数的多少而已。

婚外性大多只是满足了男人的性需求，大部分的男人在女人生完孩子后回归家庭。也有一部分男人玩上了瘾，抑制不了冒险的脚步。

三、婚外恋

婚外恋和婚外性的区别就是前者带有一定的情，后者却是赤裸裸的性。孕期是男人最容易出轨的敏感期，当女人把注意力都转移到肚子里的孩子，当女人的脾气变得越来越不可思议，当女人时时居功自傲，这时别忘了这是一个同居时代，并不是以前那个闭塞年代，勾引和诱惑让男人越发地铤而走险，外面女人的温柔和你的暴躁很容易让男人迷失情感，道德的束缚仅仅是一个尺度，当尺度越来越大，男人最终放开了手脚。

发生婚外恋的男人往往有三种表现：（一）突然厌烦肚子里的

孩子，甚至逼你去做掉。这不是没有实例：一女友怀孕后，男人有了婚外恋，逼着女友去堕胎，结果女友不从，男人一脚踩在她肚子上。对于这样的男人，我的建议是赶紧离开。（二）突然不在意你，对你冷淡，再也不管你的孕吐和产前检查。（三）手机开始回避你，开始不停的在意穿着，不想与再你讨论孩子的未来。

总之，孕期虽然是男人出轨的高发期，也不要产生恐慌，我一直觉得培养男人的责任感和道德感是问题的首要，当然这也包括你的魅力，不要把男人往外推，千万别忘记这是个同居时代，如果一直拿闭塞时代来比较，你显然已经落伍！

有多少男人会妥协在女人回娘家的途中？

M 是我的一个朋友，这几天摆脱了婚姻一身轻松。前段时间和他老婆吵得特欢，吵架后女人用回娘家来威胁 M，过了数日，M 上门负荆请罪求老婆回家，一进门却遭到岳母的辱骂。于是，M 脸色大变，嘴里嘟囔了几句，遂引起老婆的继续辱骂和大打出手。于是，小舅子岳父一起对其拳脚相向。离婚序幕由此拉开，M 果断的甩了老婆，虽然女人面带悔意。可是，M 终归不能咽下这口气。

也许，婚姻使一些事变得太过于赤裸裸。婚内的两个人终归不能免俗，时常因为相互的家庭而大吵，以至于威胁到两个人的婚姻。

女人都有吵架后回娘家诉苦的冲动，再坚强的女人我想也有被气回娘家的经历吧？记得，有一次和老公吵架，吵得实在是太厉害。于是，恼怒地收拾了一下东西打算回娘家多住些时日。一进门，母亲看我脸色不对，问之：怎么了？我答：没什么，和他吵了几句！母亲：因为什么？我诉苦！母亲笑：我当是什么大事，没什么大不了的，我和你爸经常吵，吵完就好！这几天正好在这散散心，说不定你一会就开心了呢？我笑！忙帮母亲做家务，早就忘记了吵架的事！傍晚，老公打来电话：还生气？我一会也去妈妈家，叫妈妈多做点好吃的！等见到老公时，早已忘记了打架的事，母亲在那偷笑。这也许就是年轻的幼稚吧？后来吵架再也不往娘家跑，一怕母亲担心，二是感觉没那个必要，自己的事还是自己解决的好！而像 M 老婆这样的真是少见，竟然叫父亲和弟弟来帮忙打自己的男人，我想：当时她站在那会是什么样的心情呢？

其实，有多少男人会妥协在女人回娘家的威胁中呢？大部分的男人是不会妥协的，虽然，暂时把你接回了家。可是，如果经常用这种手段来威胁男人，会很快失效的吧？男人不再妥协在你回娘家的途中，或许正好趁着这个空子在家里疯玩呢，我想：会的，一定会的！而女人最终会熬不住等待而回到自己的家中。只有那些心理不成熟的女人会常住娘家的吧？而动用娘家的势力来压迫男人的，真是下策中的下策，这样只会逼走你的男人，除非你一门心思想离婚，假设就是等到要离婚时，也没必要扯到全家人吧？那会让父母担多少的心呢？这终归是心理不成熟的做法，还是放弃这个念头的好！两人之间的事由两人来解决好了！

已婚男人好色的五大终极原因

茫茫人海中，谁能摆脱色的困扰？所以，大千世界、痴男怨女一直在情海里浮沉。婚前婚后，男人改变了许多，但是，有一样依旧没有改变，那就是好色的心。也许，这个世界就是这么疯狂，如果没有责任和道德的约束，我想大多数的男人不会甘于婚姻生活而去寻花问柳。

终极原因一、雄性征服欲的心理需求

人和动物最大的区别就是有了一定的思维活动，可是，再怎么进化，雄性依旧改变不了征服雌性的心理欲求，在动物界，雄性为了使自己的基因得到更多的繁衍，不停地去得到更多的异性。

虽然人在很大程度上实现了文明，也用一夫一妻制来规范泛滥的欲求，可是，男人依旧继承了动物的本能，用一种征服来显示自己的魅力。虽然，步入了婚姻生活，可是，随着平淡和琐碎的来临，男人越来越不满足于婚内，游离的触角渐渐的伸出婚外，只要时机成熟，男人就会如八爪鱼一样伸出触角，寻找猎物，然后实现继续征服的欲望。

终极原因二、虚荣心的心理需求

男人征服世界，女人征服男人。男人靠着事业的成功来显示男人魅力，可是，随着社会地位的提高，男人不再满足于现状。于是，情人也成了炫耀的资本，比一比谁的女人漂亮，比一比谁的女人多，男人乐此不疲。与其说女人是男人炫耀的资本，不如说是男人的虚荣心在作祟。这也说明了很多婚外情并不是情在作怪，而是虚荣心和面子在作祟。

终极原因三、不想被排斥的心理需求

我们常常纳闷于为什么看着那么老实的男人也会出轨？很多时候，基于环境的原因，基于不想被排斥的原因。比如：好几个男人同时在 KTV 彪酒，其余的男人都叫了陪酒小姐，难道独独剩了你？难道独独显得你高尚？老实男人的脸面再也挂不住，于是，也打肿脸充胖子，和大家一起玩起了寻欢作乐的游戏。这种不想被排斥的心理需求，代表了中国男人的面子至关重要。

终极原因四、寻求刺激的心理需求

俗话说：好男无好妻！大多数的好男人都在黄脸婆手里，好女人造就了好男人，也造就了黄脸婆。女人的默默付出使她忘记了自己，从而失去了吸引力。好女人给人的感觉总是循规蹈矩，总是在默默付出。岂知男人是喜欢冒险的动物，长此以往，好女人在男人眼里失去魅力，失去挑战性。于是，男人用频频出轨来得到所谓的激情，这也是一种寻求刺激的心理。虽然，男人在外面一直寻找着刺激，可是，家依旧给他安全的感觉，所以，他用各种谎言来掩饰自己的堕落和胆小，也每每从中获得心理的刺激。

终极原因五、封建余毒的心理作祟

虽然社会在进步，可是，封建思想依旧在男人心底留有一定的地位。男人幻想着古时候的三妻四妾，幻想着享受齐人之福。纳妾也许是大多数男人的幻想，只是基于现在的婚姻制度和经济实力使男人望而怯步。于是，婚外游离成了望梅止渴，这种游离的状态暂时使男人获得心理的满足感，爱情成了出轨的借口，道德成了保存家庭的借口。可是，真正想起来，这岂不是虚伪和胆小的借口？如果你们真的相爱，还有什么能阻止你们的结合呢？

你有能力和已婚男人纠缠到底吗?

爱是一种说不清的东西，当爱来时，所有的一切都变得不再那么重要。那些所谓的道德，所谓的伦理都在刹那间崩溃！或许我们总是在错的时间碰到对的人，缘分是如此的奇妙，又是如此的无奈。爱情仿佛一棵昙花，总在刹那间绽放它的美丽，然后瞬间消失。与你的相遇很无奈，我们同时陷入了一个陷阱，只有经历过了，才突然发觉原来也不过如此！爱有时候就是这么残酷，当爱走时，残酷到不留下一点爱的痕迹，只有伤痛在心底慢慢扩大……

爱上已婚男人是女人一生的劫，也许当爱来时，什么也抑止不了我们前行的脚步。可是，爱是自私的，是不能被分享的。爱上已婚男人如同抢了别人的东西，当这种自私在心底蔓延的时候，嫉妒与愧疚会同时在心底交织。毕竟东西是别人的，所有权还是在别人的手里，每当一想到他把大部分的爱都给了家，心里的这种嫉妒会把自己燃烧。所以说，碰什么别碰已婚男人，因为，更多的时候那是一个爱的陷阱，弄不好就会毁掉自己的一生。怕就怕到了最后，爱不是以平和的心态结束，而是以恨的方式来了结。而很多的时候，恨比爱更可怕，也更难被我们所忘记。这是因为女人往往在记忆里最难忘记的就是伤得自己最深的那个男人。

爱是没有错，也许错的只是我们的选择。而当爱来时，我们又仿佛都变成了弱智，明明知道是个无言的结局，还是如飞蛾扑火般的飞了上去，这其实很傻，也很痴！可是，女人偏偏就是犯了这么一个致命的错误，到了末了，才知道自己究竟有多么傻。女人其实就是这么傻，总在想象中成全爱情。当面对一个已婚男人致命诱惑的时候，也会傻傻地认为他就是爱自己的，只是，道德和责任使他不能给自己一个终身的承诺。总以为他的身体是属于家人的，而思想是属于自己的。可是，你究竟想过没有：如果他是真的爱你，怎么会让你在深夜自己哭泣？如果他真的爱你，怎么会忘记你的生日，而去回家给妻子过生日？如果他真的爱你，怎么能忍心丢下你独自寂寞？如果他真的爱你，怎么会对家有那么大的留恋？如果他真的爱你，怎么不给你一个永久的承诺？所以说，爱在他的嘴里也只不过是一个借口，贪心才是他的真正目的！其实，他谁也不爱，爱的只是他自己。而你也只不过是他心理安慰而已，当这种安慰抚平了他的一种虚荣，也是爱走远的时候。

爱上已婚男人真是女人的劫，因为，大部分的已婚男人都充满着成熟的魅力，这种魅力天生对女人就有一种诱惑。女人总渴望一个能给予她安全的男人，而已婚男人的这种气质恰恰满足了女人的这种想象，于是，爱恋拉开序幕。在这场爱恋中女人会慢慢地把自己的心用进去，而男人会慢慢地把自己的心收回来。这就是男女的不同，因为，女人更多的时候还是用心去爱，而男人更多的时候还是用身体去爱。身体受伤了可以医治，而心受伤了，却是很难复原。心痛的感觉会把人撕裂。

当你面对已婚男人的诱惑，你做好准备了吗？你有能力和他纠缠到底吗？这是心与身的较量，不管输赢，给心留点空间！不要让他一次伤透，因为，心如果碎了，就很难缝补！

婚后男人最易诱惑女人的四句话

男人善于说谎，女人善于自我欺骗，所以，各取所需！也不知道是男人诱惑了女人，还是女人勾引了男人，反正，这场婚外游戏最终戏剧结尾。只是，有的人忘记了规则，有的人乐在其中而已。无论怎样谁感到了伤害谁就是败者，也许，所有的游戏都离不开胜败规律！

一、“想你了”

这是婚外男人诱惑女人最常用的话。一句想你了惹得女人心神荡漾，于是，女人反问：想我干嘛？男人答：不知道，就是想你了！其实，男人说想你了是真的想，他想的是你上床的样子，他想的是你的身体。而女人理解的想却是另一个样子，女人脑子里出现男人相思的表情，女人在心里说他可能真喜欢我，要不想我干嘛？反正一句“想你了”满足了女人征服的欲望，也满足了女人好久没有荡漾的心。

二、“你真迷人”

女人天生喜欢虚荣，天生喜欢被赞赏。一句“你真迷人”比吃了任何灵丹妙药都让女人感到满足与骄傲。于是，当男人微笑地对女人说“你真迷人！”女人骄傲地笑了一下，其实，内心早已充满优越感，进而对男人产生好感。也许，“你真迷人”一句话是打开女人微笑的钥匙。

三、“真的好喜欢你”

对于爱情，婚后男人总是知道自己想要的是什么？他想要的无非是一种激情，如果你给不了他这份激情，一段婚外情很难扩展下去，因为，婚后男人实在没有时间和精力来陪你玩游戏。潇洒的激情才是他最终的目地。所以，当一个婚后男人含情脉脉的对你说“真的好喜欢你！”那么，你就要引起警惕，他是真喜欢你，也许就在这一夜。

四、“我会对你负责的”

这是婚后男人上床前最常说的一句话，我会对你负责的！于是，女人开始迷迷糊糊。可是，他拿什么对你负责？爱情还是婚姻？我想爱情他是不会给你的，如果真的爱你，就会给你一个承诺，是婚姻吗？我想他会吓死！大概负责的意思无非是对这一刻负责，过了这一刻有效期就结束吧？所以，女人往往发现发生质变了以后，男人就会慢慢地逃离。

总之，甜言蜜语到什么时候对女人都管用，试问一下：哪个女人不被甜言蜜语所迷惑呢？尤其是心动情况下的甜言蜜语简直可以摧毁女人的智商，当女人感到迷迷糊糊地时候，男人正好达到目的。

男人最伤女人心的四句话

爱情也许是最伤心和伤神的东西，虽然也带给我们很多的快乐。可是，当爱情飘走的那一刻，或多或少间我们都迷失于遥远的记忆中。那时就想：如果能够一直宛若初见该多好！可是，不能啊，不能啊！时间在走，而我们依旧会老去。

爱情走后，女人依旧对那份爱有点遗憾，却不料男人有时候会说出那种话，是令人嘲笑还是愤怒？

一、“我从没爱过她”

爱情走了，还有什么值得炫耀的呢？可是，偏偏有些男人为了面子，竟然在爱情走后，对别的男人大谈阔论：“我从没爱过她，一直是她在一厢情愿。”听过不禁一惊：从没爱过？那为什么当初还要死缠烂打？为什么还要海誓山盟？难道爱情走了，就诋毁了一切？这样的男人最令人不屑，不但抹杀了爱情的全部，在爱情走后，内心报复的卑鄙更是让人不耻。

二、“她只不过是我上过的一个女人而已”

爱情走了，一切都归于结束。可是，偏偏有这类男人在狐朋狗友中大谈阔论，她只不过是我上过的一个女人而已。那种不屑的表情可否显现出内心的卑鄙，既然爱情已经走了，为什么仅仅用性来否定那份爱？难道你也仅仅是一种动物？这不仅令人生疑？

三、“她从来没有资本”

爱情走后，男人突然对别人说：她从来没有资本，而我只是可怜她而已！这句话未免太过笼统，没有资本？同情能代表一切？好像男人如慈善家一样。也许，世上最可耻的就是打着慈善的名义做一些不耻的事，而这又和那有什么区别呢？明明当时是爱过，为什么要用同情来否定一切，就你是慈善家？我想：女人是不需要这种慈善的！

四、“你什么都比不上她！”

最可恨的就是分手的那一刻，男人对女人说：你什么都比不上她！听后，女人开始发疯，开始竭斯底里。我就想：既然爱情都已经走了，为什么还要让女人的尊严彻底毁掉？难道仅仅你又爱上了别人，非得用这种毁灭尊严的话来打击女人？爱情怎么也不至于残忍到这种地步？我想：如果每一个女人赤裸裸地听到这句话都会疯掉，连杀了他的心都有。于是，想：这样的男人不值得任何女人去爱，只因，太残忍！

家有“好面子”的老公，该怎么办？

这个世界太疯狂，能引起人大笑的事有的是，能叫你哭泣的事也有的是！昨晚无意中看到这样一篇文章《男人都是犯贱的动物》，真是让人捧腹大笑，且不用说博主那种搞笑的表情，单是那种文字就让人捧腹大笑。于是，同时发给好几个男网友一同分享，出现的结果却是大骂此女变态！哈哈！大笑和愤怒同时发生，事件的相同却引起不同的效果，不能不说此文经典！既挑战了男人的面子又让人捧腹大笑。

中国男人好面子好像是一个传统，漂亮的女友、出色的事业、家庭里的绝对地位都成了男人炫耀性能力的基本特征。同学近几年也开了厂子，事业在一点点的扩大，不免有点心高气傲。总记得他家里的女人也是一个心性颇高的女子，凡事都会坚持自己的原则！但是，最近发生的一件事却让人瞠目。那天，此女开车载着同学和几个朋友，也可能是刚刚学车的原因，车子熄火两次，遂被同学训之。于是，越发紧张，干脆车子发动不起来。坐在一旁的同学，上前夺过方向盘，把老婆推下车，带着朋友开车绝尘而去，空留女人站在路边傻愣着。女人过后也没有电话训之，面子给足了男人。

有时候觉得男人的面子真是可笑，就仿佛女人那张整日修饰的脸，唯恐哪天再也不美。其实，几乎每个男人都好面子，尤其在外人面前显示自己的家庭地位，而此时的女人如果不照顾男人的面子，必定会惹得他不高兴或是大怒。老公虽然脾气谦和，但是在外面有时候也好面子。这不前天的生日聚会，大家在一起热热闹闹的，酒桌上也可能喝得有点晕，老公显示了一下他的得意，我在一旁微笑附和。惹得朋友背后笑：你真会给你老公留面子。另一位朋友马上反驳：你不知道她的脾气有多坏，在家里时常朝他男人发火。朋友笑：家里不管怎样，外面还是应该给男人留面子的！

那么男人的面子该怎样留?

男人的面子分好几种:

·偶尔炫耀型。这种男人平时不怎么说大话，哪天在朋友面前突然高兴或是得意，就想当着老婆的面炫耀一下自己的地位。这种偶尔的行为其实挺可爱的，男人有时候也像孩子，偶尔的炫耀，你在旁边附和一下，演一下小双簧，既满足了他的虚荣心，又彼此不尴尬，给足了他的面子，也给了你的快乐，何乐而不为呢?

·好大喜功型。这种男人就会在外面吹嘘扩大自己的成绩，每每用老婆的附和来达到满足虚荣心的目地。长期以往，惹得朋友都在一旁看笑话。对付这样的老公，姑且在外面纵容一下，回家好好地泼冷水，免得他越来越不知道自己的分量。

·特好面子型。这种男人在外面以踩着女人的尊严来满足自己内心的快感，轻则用训斥、重则用暴力的方式来显示自己地位的优越。对付这样的男人要看清其本质，不能姑且纵容，纵容的后果只能是越来越严重。如果软硬他都不吃，那么只好休之。人生苦短，把时间都浪费在这样的男人身上岂不是人生的悲哀?

面子是个可爱的东西，它既会让你得到应有的快感，也会把你至于深渊。一个正常的男人只会展示他面子的可爱之处，而不会拿着面子四处践踏女人的尊严。尤其在婚姻生活里，夫妻双方的相互体谅，相互给彼此留点面子，才会幸福永远。别忘了女人很多时候也有面子问题，这就是中国男女的可爱之处。

婚后女人该怎样面对男人的忙

所有的事物都有它的两面性，男人的忙对于女人来说，既是好事，又是坏事！忙的男人大多都有着自己的事业，整天的忙碌和应酬给事业带来了辉煌，也给女人脸上带来了光彩。可是，照样也给女人带来了落寞，忙忙的男人身后必定跟着一个幽怨的女人。

曾看到过这样一句话："女人要大胆的舍掉忽略你的男人，如果他整天以忙为藉口，忽略了你的病情、忽略了你的感受、甚至给不了你勇气，那么就请放开你的手，转身就走！"也许这是对恋爱中的女人来说的，如果是针对婚姻中的女人，那么又有几个女人没有享受到男人的忙呢？如果都转身就走的话，我想离婚率还得高！也许婚姻就是这样的好，一个小小的结婚证就拴住了女人的心，不忍轻易转身就走！关键是又有几个男人结了婚以后不忙了？大多都是忙忙碌碌的，忽略了所有，生活水平是渐渐提高了，爱却仿佛越来越远了。男人的忙有时候真是造就了女人的寂寞，当女人竭斯底里地喊：忙吧、忙吧，不用管我！男人却大怒：那好，我就整天呆在家里，看你吃什么，喝什么？女人无语！

对于婚后女人来说，忙忙的男人分好几种，要区别对待！

·事业型的男人。这种男人事业心强，俗话说：成家方能立业！结了婚以后的他把心都用在了事业上，事业占有他人生的大半，跟了这样的男人，注定你要成为一个小女人，默默支持他的小女人。都说成功男人的背后必定跟着一个好妻子，而这个好的定义，注定牺牲了你的事业和时间来慢慢等待他的成功，成功的光环下注定也少不了你的那一份。如果，你爱他就默默地支持他吧，抱怨和吵闹只会使双方关系越来越远，而且他也不会为了你而改变。在他的心里事业就是大于爱情，那些妄想着他会牺牲事业来满足你的爱情也只能是痴人说梦了。所以，接受自己的选择，等待辉煌的那一刻，你将会感到无比的骄傲！

·花心的男人。好色乃人之本色，尤其对于男人来说，没有不好色的男人，只是看这个色该怎么好！如果他以忙为藉口，每每忽略你的感受而去讨好另一些的女人，那么这样的男人真的不值得为他而守候。这样的男人每天也是忙忙的，家几乎成了他的旅馆，在家的日子总是心神不定的，眼睛盯着手机，耳朵听着短信，常常醉酒而归，身上带着别的女人的香味！问之，答非所问。

除了单位应酬，就是单位应酬。跟着这样的男人，真是心力交瘁，如果看在钱的份上，你还能坚持的话，那么就不要去吵闹。因为这也是你选择的生活，如果感觉受不了的话，还是转身走掉的好。俗话说：感觉不到幸福的婚姻，注定是悲哀的婚姻！

·好玩的男人。男人大多好玩，如果一个男人结了婚还整夜地出去玩，那真是让人受不了，这样的男人天生长不大，结了婚的他也像单身一样，每天除了麻将就是吃喝，一听到玩简直忘记了一切，整日忙得团团转。跟了这样的男人真是让你哭笑不得，如果你有足够的耐心就慢慢陪着他长大吧，也许哪天他突然转了性，成为一个十佳好男人也没有什么大不了，只因这样的男人正处在好与坏的发展之间。轻易放弃有时候会让你后悔，但是太蹉跎了，也会让你后悔。该怎么走，只有自己决定，只因谁也帮不了你！

·冷漠的男人。这样的男人注定了冷漠，婚前婚后判若两人，也许婚姻对于他来说只是一个过程，婚前为了娶你而去甜言蜜语，婚后既然目地达到了何必再去浪费口舌？每天见他越来越忙的身影，你究竟也搞不懂他在想什么？对于这样的男人，女人最头疼。寂寞时常伴随在女人心中，女人真的搞不懂婚姻到底带来了什么？为什么会越来越寂寞？这样的婚姻女人既舍不得弃之，又不甘心留守，婚姻俨然变成鸡肋，只有深陷其中的女人才能感受到那种滋味!

总之，好的婚姻会使人进步，坏的婚姻只会让人颓废。而现代婚姻相对于传统婚姻来说，激情有余，耐力却不足。望着男人越来越忙的脚步，女人真的不知道如何是好？其实，细想起来问题很简单，在他忙的时候，不妨自己也充实起来，只因没人会对你负责，只有自己对自己负责。与其这么不快乐地活着，还不如趁着这点时间来给自己充充电。无论将来怎么样，独立、自信永远会让你立于不败之地！所以说，男人的忙并不可怕，可怕的是你沉迷于他的忙碌中，只有内心释然了，一切问题迎刃而解!

如果老公上街爱看美女怎么办?

爱美之心人皆有之，每每看到帅哥从自己身边走过，也忍不住多看两眼。而男人对美女的敏感度仿佛比女人更甚，看见美女从眼前飘过，那种追随的眼神仿佛也要随了那美妙的身影而去。

最近有网友向我诉说着老公爱看美女的郁闷：每次上街，看见美女从对面走过，就仿佛勾了他的魂，不但盯着人家，还目送人家的身影，真伤自尊！每每为此而发生争执。吾笑：这其实没什么，美好的事物谁都爱，你可以和他一起讨论美女的优点。然后，自己也品一品帅哥的美。她答：以前也是这样，可是天长日久，自己竟成了醋坛子。看见他看就来气。我说：那么下次你上街也打扮得漂漂亮亮的，多招一下帅哥的眼，让他也为你吃醋，目光自然就会围着你转了。可是她仍固执的为此事而烦恼着！

其实，太过沉重的爱会让人感到窒息，爱一个人总想得到对方的一切，甚至于包括对方偶尔心不在焉的天马行空，结果得不偿失。

男人是感观动物，喜欢看美女或是A片，用自己那点可怜的想象来满足于自己的性幻想。中国男人更甚，选老婆的时候就怕选不到美女，以美丽的标准来衡定自己的眼光。所以自古以来美女从来就是比才女吃香，女子无才便是德。因为男人既希望自己的老婆美若天仙，又不希望老婆在经济能力上超过自己，而使自己没有面子。妻子的美貌不仅给自己看，而且也能作为炫耀的资本，正是这种虚伪导致了中国男人更喜欢美女的原因。

陪妻子走在大街上，路遇美女看一眼欣赏一下，其实也不为过。但是如果目光老是围在美女身上转，而忽略了自己妻子的感受，就不能称为一种正常的心理行为。毕竟爱情是自私的，太过分的心理暗示，也会引起爱人的不满。相互间的体谅，才会维持一段美好的爱。

那么遇到爱看美女的老公该怎么办呢？首先你要区分一下他

是不是总是长时间的盯着美女看，而且是不是走过一个就长时间看一个，然后非得目送美女的背影。如果不是这样，我想你也没什么大惊小怪的，因为爱美之心人皆有之。但是，如果你的老公就如上述那样的情况，而且更甚！就得引起你的注意。一是，要从自己身上寻找原因，是不是婚后的自己长时间忽略了自身的修养或是打扮，以至于使自己的魅力大大下降。二是，不急也不恼，拿出自己的自信，把自己的魅力展示出来，提高自己上街的回头率，把他的目光从别人身上引过来。三是，同他一起评论美女的优点，也同他一起评论一下帅哥的优点，让他也知道你的感受。四是，如果他就是太过分，就毫不留情的斩断他的目光。

总之，爱美不是错，但是太好色就不是什么好事。因为爱情的城堡里只能住着一个爱人，想象的空间也只能留在自己的心底。

怎样面对男人的喜新不厌旧

中国男人大多喜新不厌旧，这大概是千百年封建思想的遗风。吃着碗里的望着锅里的，心里舒服。几乎每个男人都有过三妻四妾的幻想，左手红颜右手老婆，家里红旗不倒外面彩旗飘飘，是每个男人的美梦。因为谁也不想冒着陈世美的罪名，来使自己难过一辈子，所以只好自欺欺人的继续做着喜新不厌旧的美梦。

正因为男人的这种思想的影响，才使得中国出现了“二奶”的现象。二奶们也甘于这种地位，因为她始终觉得他是爱他的，只是因为多种复杂的原因使自己不能扶正。再说，有些女人本身就认为一个成功的男人就应该有三妻四妾，于是甘于坐在二奶的地位上骄傲着，因为在她的下面还有三奶，甚至于四奶。呵呵，这样想来不是自己所处的地位还是很高的吗？所以，有些男人们也乐于享齐人之福。总觉得自己还是负责的嘛，至少没有抛弃哪个女人，进而沾沾自喜！

曾记得有一个男人跟我这样说：我是一个喜新不厌旧的人，总渴望有一个人在不远处等着我，郁闷时我就可以去看看她，在她那里我既可以得到心理上的安慰，又可以得到生理上的需要。我说：那你为什么不在你老婆那里得到想要的一切那，你不爱她吗？他说：每个男人都希望注入新的血液，这样可以使自己常保激情，老婆毕竟是自己当初选择的，自己要负责到底！吾晕：那么不远处的那个她呢？就不需要你负责吗？他答：我可以经常去看她，我们互不干涉自由，我尽可能的给她一些温暖，这就是我对她的负责。我无言……

中国男人的喜新不厌旧真让人感到郁闷，面对他满口的仁义道德，好像都是他的理。既爱着她又爱着她，其实连他自己也搞不清楚到底爱的是谁？究其根本原因他爱的其实就是他自己。当一个心爱的女人弃他而去时，他才悔之晚已！又想尽办法去挽回自己的损失。这很可笑！

自己的一个同学就是这样的一种情况，当初，她不顾家人的阻挠，放弃了许多，跟了当时很落魄的他。结果，两个人终于干出一番事业，她的老公就在外面包起了二奶，被同学知道后，坚决打了离婚。结果，她的这个老公每天反过来去缠她，再三的祈求她复婚，说对二奶只是玩玩，没别的意思。可是，就在同学终于动心的时候，却发觉他们还是藕断丝连。最终，同学终于断了复婚的念头，而他老公还是在不停的纠缠着。真让人感到无奈。

总之，面对男人的喜新不厌旧，除非你有足够的耐心忍受，要不就干脆休了他。因为，爱情毕竟是自私的，和别的女人同时分享一个男人的爱，我是做不到的，除非你的爱太过伟大，或者你就是想指着他生活，那么你就慢慢忍受他的喜新不厌旧吧！

怎样面对不爱回家的男人！

男人仿佛永远像个孩子，总喜欢追求新奇的东西。而女人却是不同，婚姻使女人越来越恋家，每天下了班，只想赶紧赶回家为老公和孩子做上一顿可口的饭菜。面对男人早早的回家，女人感到很欣慰。可是，不知道从什么时候开始，男人回家却越来越晚，每天带着浓浓的酒气，每天带着满脸的倦意。在家的女人越来越担心，担心外面的世界太精彩，担心自己的男人受不了那种诱惑。于是，猜忌，气愤，成了女人经常的情绪。女人从此再也不会睡得安稳，她只想默默地等待晚归的男人，那种等待很苦，也很累！而自己的男人却像玩疯了的孩子，再也不想下班就回家，只因为外面的诱惑太大。于是，女人开始抱怨，开始吵闹，而这时的男人再也不爱回家，家仿佛成了一种束缚，他想要属于自己的自由。

好友最近就遇到了这种情况，和老公冷战已好几天了。这几天好友也不爱回家，她苦恼地跟我说：老公没出息的时候，盼着老公有出息，等他有出息了，又管不住他的脚步了，每天除了应酬就是应酬。望着他每晚喝得醉醉的样子，真是郁闷死了！家仿佛成了他的旅馆，除了睡几个小时的觉以外，什么都不管，我也不知道怎么办好了。结婚十多年了，怎么我们的距离越来越远了？现在的他变得让我都不了解了，这样的婚姻真不知道该怎样持续下去。

面对好友的痛苦，我只能这样说：冷战不是办法，不回家也不是办法，现在唯一要做的就是找他好好谈谈，毕竟你们原来的感情基础很好，不要因为一时的不快，就想放弃自己的婚姻。再就是，长期以来你对家务的大包大揽，使他失去了对一个家的责任，要学会让他干一些家务活，让他知道你的不易。多缠着他出去走走，慢慢地把他撒野的心给收回来。还有一点就是：不要对生活苛求太多，男人有事业了，毕竟应酬要多，不可能把心全部都放在你的身上，这就是成功男人和平凡男人的区别。有得必有失，得到了一些地位和物质，必定要失去一些精神的需求，这就是婚姻的缺陷，每个婚姻都是如此，除非你再想回到原来的平凡生活，每天为了柴米油盐而发愁，那样的话，也没空想这些无聊的东西，只想怎么去赚钱！呵呵，人人都是在不知足中生活，想鱼和熊掌兼得，一般人做不到！当婚姻走过十年，不可能再如以前那么充满激情，所以说，我们要学会放平自己的心态，努力从生活中寻找浪漫。因为有时候自欺欺人也会使自己很快乐！生活有时候给我们开了许多的玩笑，就看你怎么去看待，大部分的人还是选择了等待，只有一小部分人做了重新的选择。每个人的选择方式不同，也许你等待了一辈子，也没等待出结果，也许你重新选择了，还不如原来的那个好。总之，选择了就不要后悔，人生本来就是充满着各种悬念。

男人总喜欢追逐与冒险，而女人更多的时候喜欢安逸，所以说，面对一个不爱回家的男人，要学会慢慢引领他回家，家毕竟是一个温馨的港湾，玩累的心总会回来。只是，这需要你耐心的等待。爱有时候也需要技巧，距离太近，或是没有一点点的神秘感，都会引起他的倦怠。爱他并不代表完全拥有他，要学会给他一定的空间，给自己一定的空间，不要把心思全部都用在他的身上，也多爱自己一些，多给自己充充电，慢慢地你会发觉，当你不在意他的时候，他也会来在意你！

总之，在婚姻的城堡里，我们要学会放风筝，不紧也不松，让他时刻的惦记你才好！

怎样对付婚后不靠谱男

婚后男人如果不靠谱，那必定是没招没落的。J就婚后遭遇不靠谱的男人，简直一个懒惰加花心大少。频频花心不说，还得靠J养活。J一直跟我说，我命苦，天生养小白脸的命。我呲鼻，小白脸多的是，感觉不可心就扔。J痛苦状，扔了孩子咋办？你瞧瞧，这就成了J的借口，也成了所有摊上不靠谱男人的女人的借口。

我们先来看看不靠谱男人的几大特征，再来探究怎么去对付他。不靠谱男人的最大表现就是没有责任感，明明结婚了，还游离在单身期，无视婚姻的存在，除了践踏你的自尊外，就是玩什么飘渺。这种飘渺让女人没有了方向，忽冷忽热的。当你真正要和他分手时，他就靠近你求你不要离开，当你和他好如初时，他又冷淡地不想回家。女人备感折磨，又离不开他。男人正是抓住了女人这个弱点，频频地游走，到了末了还洋洋得意。曾接过好几个遭遇不靠谱男人的邮件，一个更甚者，怀有5个月的身孕，男人要求女人打掉孩子离婚，问我怎么办？其实，对待这样连自己孩子都舍得的男人，唯一的办法就是远离他，这样的男人太不靠谱，除非你想一辈子受他的折磨。

我一个朋友遭遇的就是这样一个男人，经过她的坚韧不屈，挽回了所谓的婚姻。朋友也是怀孕5个月，男人有了外遇要求离婚，朋友坚决不离，男人气极竟然踹了朋友肚子一脚，好歹孩子没事。住院打了几天点滴，后来朋友生下了儿子，男人收敛许多，可是，依旧游离。朋友有时苦笑：或许这就是命？婚姻算是保住了，心却没有保住。所以，我不赞成对孩子下狠手的男人，这样的男人趁早甩掉。让他去别的地方不靠谱吧，直到有一天栽在哪个不靠谱女人手里，那才真真叫了报应。

话归正传，我们再来谈谈那个怀有5个月身孕、坚决要求离婚的男人。当然婚姻法规定，怀孕和哺乳期不许离婚，于是，很多人建议女人拖下去。依我看，这不是拖坏了男人，而是拖坏了她自己。不过，特殊情况要特殊对待，我们要先搞清楚男人为什么要离婚？离婚也要个理由！或是因为出轨、或是因为性格不合，又或是因为别的原因。这个必须弄清楚，然后速战速决，到底离还是不离？只因，孩子等不了那么久，当然剥夺肚子里孩子的生命是残忍的，可是，很多时候这比生下来后变成弃婴或是留守婴儿更可怕。如果确定要离婚，就要逼着他一起考虑孩子的最终定向。很多时候你要做好单亲妈妈的准备，很多男人是不要孩子的，就是要也是不放心在不靠谱男人手里。这时孩子的去和留是最关键的问题！考虑清楚后，对待不靠谱男人唯一的绝招，就是狠，速战速决，这样你才能逃脱他的苦海。正是犹豫再犹豫，导致很多女人让不靠谱男人黏上，这可真是要不得的事，除非你是受虐狂！

怎么面对逃离婚姻的老公？

原以为爱情很简单，简单到一起相守到老。可是，有爱必有痛，那么无爱呢？婚姻中有几个人是为了爱情而活？忘记了当初结婚的理由，记得那时好像是为了爱情，许多年以后才发觉那个爱情很简单，也许随着时间的改变，一切都会改变，包括爱情，包括友情，甚至包括亲情，世事难料啊！当初你结婚的理由是什么？为了爱情吗？为了面包吗？还是为了那个可怜的繁殖义务？迷迷茫茫中，也感到迷茫了很多，当婚姻走到恍惚状态时，连自己都感觉纳闷？是我们变了？还是婚姻变了？

最近，朋友的老公拿着那点可怜的钱，愤然离家出走，空留朋友一人在家颓废。电话问之：到底因为什么？是吵过还是闹过？朋友漠然地回答：没吵也没闹，就这么走了，就这么不负责任地走了，如同一个孩子愤然离家。这么多年都过来了，为什么30多岁的人了，也是说走就走了？放弃了我，放弃了孩子，这就是所谓的婚姻，这就是所谓贤妻良母的后果。听着朋友的话，我在这边愤然：走吧！不用想了，这么大的一个男人没有了责任，不管不顾，不说个理由就拿着钱走人，而且在眼皮底下走的！也只能由着他走，等他自己想好了，就会回家了！朋友漠然。

婚姻真的没有想象中那么美好，当初的爱情计划，当初的面包计划，都随着一个人的变心而消失。就这么走了，不管不顾的，如同一个任性的孩子，突然放弃了一切。如果是一个女人或许还可以理解，偏偏就是一个男人。如果说女人是基于爱情的幻想而逃离婚姻，那么男人呢？现在有几个男人会为了爱情而逃？偏偏这个世界都疯了，为了那点钱，或是为了那个所谓的爱情，不管不顾地逃，至多年的婚姻于死地，而且是不管不顾地。我就不知道了，这样会不会受到良心的谴责？最起码给这么多年来爱你的女人一个走的理由，那也会让女人死心！就这样没有理由地出逃，空留女人在家哭泣，空留一个女人在家不知所措！这也是所谓的婚姻？真是不幸的婚姻有着各自的不幸，而你有时候也只能无奈的摇摇头。空留那个坚守婚姻的人独自哭泣。

稳稳情绪对朋友说，既然已经发生了就要面对，既然他不管不顾地走了，就不能再想太多，等他想好了自然就会回家，到那时再静下心来好好地谈一谈，能挽留就挽留，感觉没有挽留的价值，干脆各奔前程吧！而你现在唯一要做的就是，好好地活着，该对自己好点就对自己好点。这几天在家好好休息一下，出去买点衣服，出去散散心，不要把苦恼都留给自己。抱怨和愤怒都不会解决一点问题，如果一个人就是变心了，你再去拉回来也是徒劳。心结需要自己解，很多时候冷静一下，也是解决问题的最佳办法。面对逃离婚姻的老公，也只能等待他自己的选择，或回家、或继续逃离，都得自己想开，毕竟这么大的一个人了，如果没有了责任，你再劝也是徒劳，干脆由着他疯吧！这个世界原本就疯了，疯的都忘记了婚姻里不仅仅有面包，还得有爱情和亲情。

chapter 02

第二章 深度认识女人

有人说，我们最不了解的就是自己，最大的敌人也是自己。就如不识庐山真面目一样，因为你每天陷入“我”的身份，自然就很难了解真正的自己。还记得那句话么？不错，就是“遇到更好的自己”。婚姻中，只有两个人：男人和女人。鉴于百战不殆的原则，为了遇到更好的自己，深度认识了男人，我们也需要深度认识女人。

哪种女子会成为男人的毒药?

毒药，今生你会中了谁的毒?也许，女人会为了爱情而中毒，那么，男人呢?男人会不会为女人而中毒呢?我想：会的，一定会的。有那么一种女人，男人会为她而中毒，不仅仅中了身体的毒，更是一种爱的毒。这大概就是毒药吧?

很多时候，毒药令我们欲罢不能，当你哭着喊着、亦或是发疯：我要他，他是我的药，能止我心疼的药。那或多或少间总有一种纠缠走过，那就是药，爱情的毒或许只有它能解。

很久以来一直想，有一种女人可以入男人的毒，这种女人是飘渺的，这种女人是流浪的，令男人不敢接近，却又害怕失去。得到与失去时，男人觉得此生亦没白走一遭。或许就是入了这类女子的毒吧?

曾经发疯地迷恋三毛的《撒哈拉大沙漠》，当和荷西为了一块化石而陷入沼泽，当死亡就在眼前，当脱离险境的那一刻，荷西笑着问三毛：还敢来吗?三毛：来!明早我们再来!那一刻，心那个疼啊!这样的女子是不是男人的毒药呢?为了一种爱情而蔓延了整个人生，或许这样的女子不属于婚姻，却是男人的毒，令男人终身想象的毒。

每一个女子或许都想成为男人的毒，可是，经过了世俗琐事，曾经那么曼妙的一个人，却最终归于红尘，再也不会是男人的毒，却是男人的温暖。可是，男人那个心飘渺啊，他终归想要一种毒，能毒到他骨髓的毒。于是，很多女子终究不能理解男人为什么在爱她的同时，却身体出了轨。男人终究是禁不住诱惑的动物，他可以在爱你的同时，身体照样爱着别人。也许，爱情是女人的归宿，道德却是男人的归宿，男人或许会为了道德不会抛弃女人，却不能为了爱情而相守。男人一直在寻找一种药，能毒倒他的药。而这种女子的出现，正对了男人的口味，男人在心里想：和她做爱到底会疯狂到哪一步？和她谈爱到底会刻骨到哪一步？女子痴痴地笑：你会在飞机场失事的，而我就是那个机场。男人想：为什么竟然想在这个飞机场失事？却又惧怕死亡！也许，这就是毒药的魅力吧，让你欲罢不能啊！

能成为男人毒药的女人是那种流浪的女子，她不会为了任何男人而驻足，快乐是她的根本，放纵是她的本性，而流浪是她的特质。当一个男人最终傻傻地问：我到底是你的什么？女人突然笑了笑：原来男人也会要名分？只是女子怎么可能给他名分？她还要去漂泊，因为她是所有男人的毒。当男人最终懊恼地离去，亦或是再也不敢离她太近，男人终于知道这就是他的毒，世间也会有这样的一类女子不会为了爱情而驻足。因为，爱情只是她的风景，而她属于自然，属于另一个世界。男人的毒、女人的药！

丑妻真的就是家中的宝吗?

这几天胃口特好，看见绿油油的菜，总有一种想吃的欲望。眼见着才几天的功夫，发觉自己的衣服竟然瘦了，汗。今中午老公又做了自己爱吃的菜，没办法还是大吃了一顿，饭后却责怪老公：都怪你，这几天一直长胖，好烦啊！老公笑：你都多大了？也应该长点肉了！女人到了这个年纪还能和 18 岁一样吗？我愤然：怎么不一样呢？你就想让我丑成胖猪一样，然后在家里乖乖地守着你，这就是你的想法！说完此话，自己也不由得笑了。哈哈，都说“丑妻家中宝”，到底男人希望自己的妻子越来越漂亮呢，还是越来越丑呢？

其实，大部分中国男人都想找到一个漂亮的老婆。所以，漂亮的女人总是比丑女人占优势，拥有一个漂亮的女人不但满足了男人的虚荣心，又满足了男人自己的心理状态。可是，漂亮的女人总是招了很多人的眼，每每听到别人夸自己老婆漂亮时，既自豪又感到不安全。所以，婚后的男人还是不希望自己的老婆太招眼，毕竟老婆不是给别人看的。更多的时候还是希望老婆在家相夫教子，做一个真正的贤妻良母。当自己的女人真正熬成了黄脸婆，男人们却又感到不满足，于是，眼神开始漂移，开始寻找能刺激自己感观的另一种女人。所以，不要相信男人的鬼话：“你在我的眼里永远是最美丽的”、“我不在乎你的身材，胖点不要紧”。天知道他在说这些话的时候，眼神正在别处游离。等你真正变成了一个不修边幅的女人，鬼才相信他还那么的不在乎。难道你就没看到他眼里的一丝厌恶吗？且不用说保持优雅也会引起视觉疲劳，那就更不用说不修边幅了。再者说了，美更多的时候是为了自己看的，美丽的外表会给自己带来前所未有的自信，也会给自己带来许多的好运气。因为，在这个世界上人们还是喜欢美好的东西。美丽其实就是女人的资本，进一步可以让自己得到一些东西，退一步也不能把自己逼到绝路。假设哪一天婚姻走到绝境，也不至于什么都没有，最起码拥有自己的美丽，这一点就足够了，就可以让自己信心十足的面对下一步的生活。

所以说，丑妻是家中的宝，但是，美妻更是自己手中的法宝！任何的时候，女人都不要扔了自己的宝，因为连自己都会放弃的女人，让别人怎么去珍惜你呢？

为什么女人总爱抱怨自己的婚姻?

“他每天回家除了睡觉，就是看电视，和他简直一点话题也没有了”、“什么时候我老公也和你老公一样优秀呢”、“他的衣服总是乱扔，整天脏脏的，烦死了”、“也不知道什么时候他能给我做顿饭，给我洗洗衣服”、“好久也没见他给我买花了，怎么嫁这么个不懂的浪漫的人呢”。

当婚姻走到一定的阶段，几乎所有的女人都在抱怨着自己的婚姻，不管是有钱的阔太太，还是生活一般的小女子，都在不停的抱怨着，那种气势恨不能马上离婚而后快。这种情景对于男人来说是不可理喻的，男人们很少聚在一起讨论自己的婚姻状态。而对女人来说仿佛成了家常便饭，总有不如意的地方让她们发发牢骚。呵呵，这真的很无奈！其实，女人嫁谁都后悔。没钱的时候渴望有好多的钱，而有钱了却渴望有好多的爱。所以，一直不停地要求，所以一直不停地失望。

结婚对女人来说往往是爱情的终点，因为女人们有时候总渴望婚姻一直能像热恋时一样完美。所以总是有点失望。而结婚对于男人来说也许只是爱情的刚刚开始，很多男人在选择你做他妻子时，总有一种想保护你的责任感。所以，如果一个男人真爱一个女人最终会给她一个婚姻，然后再慢慢地通过自己的责任来体现对你的爱。所以说，大多数的男人对于婚姻的幸福感比女人要好得多。而女人却是不同，她属于一种感性动物，总希望自己能得到公主一样的生活，这就在内心里产生了一种矛盾，所以心生抱怨。

抱怨的女人很傻，也很无奈！这也是女人的一种发泄方式，抱怨过后，日子还是照样的过，婚也不能轻易的离。因为她们抱怨过后，心情渐渐平静，反而觉得舒畅。但是，如果老是抱怨下去，就很危险。试想一下：如果每天都觉得不满意，那么自然而然会对婚姻，会对爱人产生一种怨恨。长此以往，婚姻关系就会越来越紧张。所以，女人要学会适时地开导自己，不拿自己的婚姻和别人的婚姻比，或是在听到别人抱怨自己婚姻不足的时候，感觉自己还是蛮幸福的！这样才会保持良好的心态，不至于失去平衡。总之，抱怨并不可怕，可怕的是总是在不停地抱怨。

贤惠男人背后都有一个恶女人？

昨晚醉酒，今早起床感觉特不舒服，硬着头皮去的店里。下午，正在躺椅上斜靠着，老公送来 2 块哈密瓜，嘱咐说：以后少喝酒，太伤身！然后忙着去加班，邻居看到这，笑着对我说：你老公真贤惠，真是调教有方啊！我大笑：大概贤惠男人背后都有一个恶女人吧！

老公的贤惠是出了名的好，自从结婚以后凡事都依着我，结果，惯得我的脾气是越来越坏。每每在家发脾气的时候，老公总是无奈地摇着头，终于气不过，也和我大吵几句。过后，还是他认错，记忆中我好像从来没有错过。大概恶女人终会遇到贤惠男吧！

印象中见过好多脾气坏坏的女人，背后总是跟着一个好脾气的男人，这可能真是一物降一物，朋友就是脾气臭的要命，找了个男人却是对她出奇的好，人人都在怀疑那男人为什么能受得了她？这其中有什么窍门呢？

恶女人并不真的恶，这里指的恶只是脾气坏一点，并不是心眼坏的那种恶女人。这样的女人性格直爽，既有脾气坏的一面，又有特会撒娇的一面。她知道男人到底需要什么？自己到底需要什么？她知道人首先要学会爱自己，才可能去被别人爱。就像婚姻中的男人一样，他需要的是一个妻子，一个能和他做对手的妻子，这样才具有一定的挑战性。如果一个女人为了婚姻而失去原有的个性，那么就会迷失在婚姻的途中。就像一个总是宠着男人的女人，是不会得到男人更多的宠爱，当他把你的宠当成了想当然，那么这种宠就不会变得特别，而只是一种习惯而已。这对于女人来说同样如此，就像被男人宠坏的恶女人一样，也会把男人的宠当成一种习惯，进而会越来越享受这种宠爱。这就是为什么那些贤惠的女人总会遇到坏男人，和贤惠男总会遇到恶女人一样。

恶要恶的恰到好处，不要总是咄咄逼人，那样就会失去你的男人。见过很多的泼妇，一哭二闹三上吊，一点理也不讲，只会用闹来制约男人，结果到了最后不是失去男人，就是把男人逼疯。男人有时候真的靠哄，恶要看分寸，不要蛮不讲理地发疯。表面上这些恶女人脾气很坏，其实，她们总是在更多的时候给足男人的面子，这样才会让男人给足自己的面子。恶女人总有一技之长，这种一技之长总是让男人感到骄傲，他才会由着你的性子闹。并不是所有的女人都适合做恶女人，避免弄巧成拙，鸡飞蛋打！

坏男人身后都跟着些什么样的女人?

大千世界，男男女女，爱来爱去，不是被爱所伤，就是被爱俘虏。总之，爱是一把双刃剑，太过沉重的爱也会给自己带来伤害。

男人不坏，女人不爱。但是男人太坏，女人怎么还能够爱呢？这里的坏男人是指：朝三慕四，游戏感情的自私男人。为什么有些男人这么坏背后依旧站着那么多的女人呢？究竟是什么样的女人这么心甘情愿的陪着他，甘愿在爱的陷阱里挣扎呢？

· 第一种女人属于那种传统型的女人，嫁鸡随鸡，嫁狗随狗。总觉得男人就是她的天，无论做错了什么事，都是可以原谅的。在她的内心里，女人只是男人的附属，什么事都得依靠男人，所以也就能忍受得了男人的三妻四妾，总觉得玩累的心早晚会回家的。

· 第二种女人属于那种贪图富贵的女人，钱比情要重要得多。男人就是她的饭碗，无论这个男人怎样花天酒地，她都会睁一只眼闭一只眼，只要这个男人的事业不倒，她就不会离开他。

· 第三种女人属于那种对爱痴心的女人，自古痴心女子负心汉。这种女人总觉得爱比什么都重要，为了爱他，她几乎什么都能忍受。以为自己的痴心最终会换来他的爱心，结果自己苦苦在爱里挣扎了一辈子，痛苦了一生。

· 第四种女人属于那种执拗的女人，这种女人宁可玉碎，也不要瓦全。在她的心里，面子比情重要。宁可牺牲自己一辈子，也不要放过你。遇到这种缠人的女人，坏男人也感到害怕。

· 第五种女人属于性格懦弱的女人，这种女人心地善良，面对男人的负心，总觉得不是他的错，是这个社会环境导致的因果。

所以傻傻的以为他还是爱她的，虽说现在他在别的女人的怀里，但是那只是玩玩而已，只有对她他才是真心的。所以，面对这个男人的几句甜言蜜语，她就乖乖的就范。坏男人最喜欢的就是这种女人，因为她根本就不知道反抗，而且在她的心里总还傻傻的认为他是最爱她的，这真很无奈，这样的女人也只会伴着泪水度过一生。

坏男人总有他吸引女人的地方，要不怎么会有那么多的女人站在他的身后久久的不肯离开呢？男人不坏女人不爱是经典！但是，男人太坏，就变成了一个花心大萝卜，跟在这样的男人身后有几个女人会不感到伤害呢？其实，归根结底就是女人自己的思想出了问题，明明知道自己反复的被伤害，还是依旧不敢走出这个陷阱，怕失去眼前的一切，怕以后的路会更难走，正是这种怯懦的心使得他更加肆无忌惮。

总之，如果一段爱使自己太多痛苦就要勇敢的放弃。因为人生毕竟苦短，何必让自己总在伤害里走过呢？

婚姻中哪三种女人最可怕?

婚前婚后，不仅仅男人变了样子，女人也是变了样子。很多时候，这不得不感慨时间，它可以使一些东西物是人非。随着婚姻生活的行进，一些男人越来越吃惊于女人的变化，他不知道究竟是自己看错了人，还是她原本就是这个样子？

第一种：超级泼妇型

这种女人有的婚前表现得很普通、有的婚前就是脾气坏，婚后的生活，使这些女人再也不加掩饰。对待自己的男人就像奴仆，男人小心翼翼地维持着婚姻，就像灰太狼一样小心翼翼地维持着这份爱情。于是，女人越发的猖狂，稍不如意就把男人叫来大骂一顿。女人越来越得意于自己的地位，越来越感到男人窝囊。于是，事态发展到女人不分场合、不分地点的让男人下不来台。男人终于忍不住心里的火，破口大骂甚至大打出手！女人于是更加的疯狂，找来家人，找来帮手恨不能杀了男人而后快。这种女人实在让人可怕，既失去了女人的味道，又失去了女人的修养。

可怕程度：五星级

造成泼妇的原因：一，地位的悬殊，这种女人大多比男人家庭地位或是社会地位高，所以造成一种优越感。二，修养的问题，这种女人天生性格任性而倔强，为我自大，后天又不怎么修养自己的女人气质，以至于变成一个彻底的泼妇。三，环境的问题，很多时候也是男人造就一些泼妇，男人的窝囊使女人更加的猖狂。

第二种：超级怨妇型

这种女人或是性格柔弱、或是天生就爱依赖和抱怨。婚后生活的不如意，使她处处感到不够本，好像每一个人都亏欠她一样。于是，抱怨产生，或是抱怨男人、或是抱怨婆家、或是抱怨孩子，家里除了她的唠叨声就是她的唠叨声。男人感觉烦死却也是无奈，于是，我们常常看到这样一种情景，只要这种女人一抱怨，男人赶紧躲进书房，孩子赶紧躲进自己的屋子里。空留女人在那絮絮叨叨，空留女人在那发泄着不满。于是，手里的活还在照样做，生活还是依照原样进行。只是，这种女人彻底在家失去了应有的位置，令人感到厌烦。试想一下：谁乐意整日听叨叨呢？如果说泼妇是一种硬性暴力，那么怨妇更是一种精神折磨！

可怕程度：五星级

造成怨妇的原因：一，性格的问题。这种女人天生优柔寡断，凡事都得靠别人，于是，内心的愿望没有到达预期的目标，就会产生抱怨。二，环境的问题。婚后的琐事使女人产生抱怨，而男人的不加改善，使女人越来越抱怨，以至于成为一种惯性。女人偏偏想用抱怨来达到目的，却没有实现目标。于是，心理越来越不平衡，抱怨竟然成为一种生活习惯。三，女人能力的问题。爱抱怨的女人一般没有事业，把婚姻生活当成了她的全部，这样的女人最易抱怨。

第三种：超级幻想型

这种女人天生归于浪漫，想象力丰富，与现实生活脱轨。爱情和婚姻始终让她混淆，当走进婚姻的她发觉了婚姻是另一个样子，于是，感到失望。随着婚姻生活的行进，女人越来越感到寂寞，感到婚姻不是她想要的结果，她要的应该是那种浪漫的心跳。或许，结婚前几年男人还会时刻满足女人浪漫的需求，可是，随着孩子的到来，男人越来越厌烦于女人超乎想象的浪漫要求，争吵随时开始。女人的心渐渐开始游离，婚外稍微有点诱惑，就会使女人抑制不了自己的脚步，渐渐走出城墙之外，以至于对婚外诱惑越来越上瘾，再也不想回家的寂寞。

可怕程度：五星级

造成幻想的原因：一，性格的问题。这种女人天生喜欢浪漫，天生没有足够的安全感。很多时候婚姻只是她的一种经历而已，责任对她来说简直若有若无，自由才是最大的向往。二，环境的原因。这种女人或是从小生活优越、或是喜欢沉浸于很多想象、或是颇有才华，走进婚姻的她们怎么也适应不了现实的婚姻生活，如同长不大的孩子，时刻要着那天上的月亮。

什么样的女人最易造就暴力男？

这几天累的有点疲惫，前天晚上进货回家，一进门就朝老公嚷：累死我了，别惹我啊，要不非得把你整成暴力男不可！老公笑。

发觉自己离怨妇越来越近，总是忍不住地抱怨：烦死了，累死了，我要发疯了！于是，想：如果再抱怨下去，是不是先发疯的不是我，而是我的男人呢？

暴力！多么令人恐怖的词啊，我想除非是受虐狂，要不谁也忍受不了暴力行为。而在暴力中，女人往往是最大的受害者。当他拳头和耳光突然向你袭来，我想那肯定是绝望和心碎的。在我的思想里是绝不允许暴力的产生，一次暴力行为或许就会毁了所有的一切。可是，有些时候并不是男人自己在发疯，而是被女人逼疯！

曾见过这样一个女人，当着很多人的面数落他的男人：就你那个熊样，嫁给你真后悔！我在一边劝：小点声，这是在外面！女人不屑，继续数落：你说说我嫁给你得到了什么？就你赚得那点钱不够窝囊的！男人终于忍不住：回家再说，别在这嚷了。女人依旧不依不饶地：偏说、就说，难道还怕别人笑啊！就让很多的人笑！我看你窝囊到家了！男人终于被逼疯：上去拉着女人走。女人反手给了男人一拳，大嚷：滚！男人上去一个耳光，我在一旁大惊：原来这么老实的男人也会被女人逼得失去理智！

我想属于天生暴力行为的还是极少数，很多时候是女人的喋喋不休和咄咄逼人把男人逼疯的吧？与其说抱怨是一个引子，不如说喋喋不休和得理不让人更容易把人逼疯。我想：如果一个男人这样咄咄逼人，我也是会疯掉的！或许也会不顾一切地冲上去给他一个耳光。原来，很多人都潜在着暴力，就等着导火索的引爆。而对于不善言谈的男人来说，牙尖嘴利的女人更是让他最头疼。正是这样的女人很快让男人变成暴力男。

曾问过一个男人对他女朋友好不好？男人说：她对我很好，我经常打她！我晕：为什么？看你脾气那么温和。男人：很多时候，是她把我逼疯！我：再逼疯也不能实施暴力啊，那始终是太伤人心的行为。男人无语中！

其实，很多时候如果一个男人真的对你实施了暴力，那就真的要好好想一下：是自己把他逼疯了，还是他原本就是性格缺陷呢？如果是因为自己的喋喋不休和咄咄逼人把他逼疯，就要注意一下言行了。只因，谁也受不了超级怨妇。如果是他自身的错误，我劝你赶紧休了他吧，因为暴力实在是太令人崩溃和伤心！

女人的哪儿种行为令男人逃之夭夭？

男人征服世界，女人征服男人。世上正因为有了男人和女人才会变得如此多彩，女人既离不开男人，男人也同样离不开女人。

有时候想如果这个世上没有了男人，该是个什么样子呢？最起码女人少了许多的烦恼，但也多了许多的苦恼。反正我是受不了，没有了帅哥养养眼，真的不知道以后的日子该怎么过？俗话说：好色性也！既然本性如此，最好还是不要把男人都吓跑，那样岂不是太孤单？但是遇到讨厌的男人还是早早把他吓跑最好，免得碍眼心烦。那么女人的哪几种行为最容易吓跑男人呢？

一、打击他的自尊

场景一·几个男人聚在一起谈性甚浓，眉飞色舞。尤其谈到国家大事时，你的他更是精神抖擞，神采飞扬。这时的你站在一旁用不屑的眼神瞅着他说：就你那点出息，还懂国家大事？周围朋友听闻此言，哄笑一团。他面露尴尬，转身就走。

后评：没有比打击男人自尊更令他伤心的了！

二、时常拿别的男人和他作比较

场景二·打开家门，走进屋子，碰巧看见他在那无所事事的看电视，家里一团糟。随后你火冒三丈：你除了看电视还会干什么，哪个男人都比你强！人家都发财了，就你还是个窝囊废！男人起身盯着你火冒三丈，长此以往，他如果真的还没有逃跑，也算是一个窝囊废了。

后评：没有比女人的蔑视更恶毒的了。

三、变成一个牛皮糖

场景三·无论他有什么聚会和应酬，你都喜欢跟在后面。晚回家一会，电话准打10遍以上，偶尔发现和陌生女人说句话，也得调查出祖宗八代。他成了你的私人物品，一哭二闹三上吊是你的惯用手法，男人认识了你如同坐牢。正所谓哪里有压迫，哪里就有反抗，管得越严，跑得越快。

后评：变成了牛皮糖的你也快乐不哪去。

四、在他朋友面前卖弄风骚

场景四·聚会中，他的朋友们出于礼貌纷纷夸你漂亮，得意忘形中，真的以为自己很美。于是，向这个抛个媚眼，向那个表示一下暧昧，总以为他看不见。其实整个聚会中，他早已坐如针毡，长此以往，他不逃，我都觉得太有定力。

后评：男人总是比女人爱吃醋，挑战了他的极限，岂有不跑的道理。

五、总是说他家人的坏话

场景五·“你妈妈真讨厌，什么时候能不惹我生气？如果她再那样对我，我下次非得揍死她不可，你说说你家里有几个好人？妹妹那么刁钻，哥哥那么窝囊，嫁给你真是后悔死了！”这时的男人火冒三丈。

后评：如果你的男人这么说都不发火的话，不是逆子也是大不孝。

六、动不动就实行性惩罚

场景六·别动我！随后你把被子拉紧。而这距你们上次吵架已有半月之久，每次吵架过后，都得实行性惩罚，轻则半个月，重则一个月，恨不能连睡觉也得收费。这时的男人很无奈，这日子什么时候是个头呢?

后评：性惩罚很容易把男人逼跑，只因为哪个男人都不是圣人。

其实，逼跑男人有时候根本就不需要说分手，上面的几种行为都很容易把男人逼跑，如果你恨他，就去做吧，那他保证跑得比兔子还快。如果你还爱他，那么还是小心点好，跑了就有可能再也捉不回来了!

女人对于婚姻的奉献度应该是多少?

婚姻对于女人来说或许就是一辈子，几乎每个女人都希望自己的婚姻能够圆满。可是，随着离婚率的逐渐提高，我们不得不感慨我们的婚姻，到底是付出太多还是付出太少?为什么离婚那么紧逼我们的生活，令我们彷徨而无奈!

望着父辈的婚姻很少有谈及离婚的，为什么随着生活条件的提高，我们的婚姻却越来越不稳定了?其实，这个很好理解，物质越丰富，人们对于情感的需求越苛刻。比如：以前的父辈婚姻只要是一亩地三头牛，老婆孩子热炕头就好，难道你现在还来谈一亩地的道理，我想那简直是天方夜谭，很多的人还是把婚姻的质量提在了问题的前面，既然失去了质量，就要去寻找自己的幸福。可是，面对着孩子的哭泣，女人的心在痛，男人的心在默然！婚姻到底给女人和男人留下了难题，孩子原来是离婚的最大障碍！

女人抱怨男人太不负责任，男人抱怨女人太难缠，孩子成了最终的受害者！

J最近陷入离婚的混沌中，因为男人的出轨，J最终失望于婚姻，决定与男人离婚。面对离婚的结局，也许是男人最想要的结局，男人坚持要孩子，J也坚持要孩子，孩子成了离婚最大的障碍。望着才一周岁多的孩子，J岂止是心痛！J想：如果将来孩子落入后妈之手，那不是毁了孩子？可是，又苦于经济能力，怕义气用事，要到了孩子不能给孩子提供好的生活条件。这时J才发现，原来几年的婚姻生活，自己一无所有。除了在家照顾男人和孩子，就是无聊的日子。当时还美其名曰为了婚姻而奉献自己的事业是高尚的，到现在才明白，失去了经济能力的自己离婚时竟然没有了底气！从来不敢承认钱在其中的位置，可是，真正走到这一步，钱却成了最大的障碍。最起码要孩子的抚养权变得苍白而无力！

基于J的情况，我们提出一种疑问：难道做贤妻良母，用十分的心奉献于家庭，就是十分的高尚吗？那为什么面对离婚的结局，我们却在索求和抱怨呢？此时，才明白我们终究把婚姻当成了一种长期饭票，谁知道男人中途撕票，导致女人大失所望，却又无能为力，悔之晚矣！

女人对于婚姻的态度比男人要看重的多，婚后，很多女人因为孩子的到来而放弃了自己的事业，把婚姻当做了一种长期饭票。岂不知，这个世界从来就没有长期饭票，当婚姻发生了颠覆，女人往往不知所措。有点心眼的女人还好办，有自己的私房钱和掌握男人的财产，这样也不至于离婚时走投无路。最可怕的就是那种实心眼的女人，如果真正到了离婚的结局，恐怕连自己以后的居住都成问题，何谈孩子的抚养呢？

所以，我不主张女人把婚姻当做自己的全部，这毕竟是不安全的。奉献不要紧，要适量地奉献，这样才不至于得不偿失！

一个女人最大的安全感是什么？

连着两晚一直发疯地看《蜗居》，也一直发疯地想：一个女人最大的安全感究竟是什么？男人？答案是否定的！对于女人来说男人远远比不得衣服重要，衣服还有收藏的价值，那么，男人有收藏的价值吗？或许，20几岁的时候死心塌地的相信着男人与爱情，30以后却突然笑这种幼稚，如果一个女人把全部希望都寄托在一个男人身上，我想死的比谁都惨！风花雪月总会被柴米油盐击碎，如同这爱情也会被世俗摧残得不成样子。所以，女人的安全感仅仅有一部分来源于男人，而并非全部。

望着许多走在离婚边缘的女人，也曾嘲笑过她们的懦弱。可是，细想起来这岂不是一种幼稚？曾有女人呆呆地问我：如果离婚了，我住哪？这个最致命的问题一下子把人呆住。房子或许是每一个女子的心结吧？婚姻意味着什么？意味着房子加亲情。如果让一个女人结婚很久还没有一栋属于自己的房子，那不是漂泊是什么？只有身陷其中的人才能体会到其中的味道吧？当海萍发疯地说：离婚了，我去哪住？别让我发达，如果我发达了，会毫不犹豫地离开他！这一句话彻彻底底地把人的心击碎，又有多少女人在这种不安中游走呢？所以，房子也是女人安全感的一部分吧！

那么，到底什么是女人最大的安全感呢？当看到海萍绝望于不能依靠自家男人买房子的时候，当海萍找到外教兼职的时候，当海萍把赚到的钱拿到手里的时候，这时候是不是最大的安全感呢？到了这一刻，我终于懂得一个女人最大的安全感是有能力踏踏实实地赚来自己想要的东西。正如一篇文字所写的：做一个BIY女人（意思就是自己赚钱给自己买东西的女人），当一个女人拥有了这个能力，我想安全感自然会获得最大。想一下：分手后既不用担心自己的居住，又不用担心自己以后的生活来源。这不是最大的安全感，又会是什么呢？

想从一个男人身上获得所有，并不是每一个女人都可以做到的。当看到海藻大把的挥霍青春，当看到宋思明为了海藻而疯狂，那一刻，我想如果让我遇到宋思明也是逃不掉的！这说明了什么？说明了每个女人都有芭比娃娃情结，每一个女子骨子里都是虚荣的。只是，环境和性格改变一些女人的生活。而男人并不傻，男人把大把的虚荣给了女人后，也想得到另一种虚荣，征服地虚荣。海萍在艰难的奋斗，海藻在大把的挥霍。70后与80后的思想轨迹在交织，而作为70后的我们也终于明白：男人要的是女人的青春，所以用物质来补偿，当一个女人给不了男人青春的时候，男人在她心里也失去了安全感。这时唯一能给予女人最大安全感的就是有能力赚到满足自己的物质。

女人一辈子到底可以爱多少个男人？

最完美的爱情思维就是一见钟情然后携手一生，可是梁祝的爱恋有多少可以发生？如果说女人的一生拥有一个男人就代表着高尚，那么女人的一生拥有许多的男人就代表着可耻吗？高尚与可耻之间是用性来衡量的吗？一夜情、多夜情或是换妻到底伤害了谁？伤害到你的利益了吗？回答肯定是：NO! 那么这就好，既然没有伤害到你，为什么你却希望人家死而后快呢？偏偏用你的思想来强行改变人家的思维呢？

我从不否认自己是个叛逆 + 传统的女人，我既能接受别人的一夜情，又能接受别人的婚外恋，但是独独却不能接受自己的男人去一夜，或是婚外。这是因为这对我的利益产生了影响。但是话又说回来了，我就弄不懂，为什么接受了这些思想，别人就要说你是素质有问题呢？这就好比如果你的朋友中有一个妓女，就代表着自己的素质有问题吗？我向来我行我素，我的朋友中既有妓女、又有着一些职业的女性，还有许多的居家女人。而她们在我面前都是平等的，不能因为你比她们传统，我就得另眼对待！不要嘲笑我的素质有问题，而是你的思想出现了根本性的问题，那就是你始终觉得自己就是比别人高尚。女人一辈子拥有一个男人是完美，但是拥有许多的男人也不一定是缺陷，这只是人家的生活方式而已。而这也与你无关！

爱到底是什么？是一辈子？还是一刹那间？如果说是一辈子，那么为什么你还时常感觉不到爱呢？如果不是一刹那间，那么为什么你还会心痛呢？依我说，爱就是一种感觉，当你感觉这就是爱的时候，这就是爱；当你感觉这不是爱的时候，这就不是爱。爱真的是一种感觉，而不是一个定义！婚内就是真正的爱？婚外就是欲望？这可不一定，长相厮守或许是契约，而曾经拥有也或许就是深爱。而这就得依人而论。

那么女人一辈子到底可以爱多少个男人呢？我的回答：或许是一个、也或许是好几个，甚至于N个！爱与不爱不是你说的算的，这要靠缘分，爱情来的时候你挡也挡不住！而每一场的爱都是不同的，遇到什么样的男人就谈一场什么样的恋爱。或许在这场爱里，你是温柔的，那么到了另一场爱里你或许就是野蛮的。爱情没有固定的模式，在不同的时期都可能出现不同的爱。不要跟我说，你一辈子只会爱一个男人，人不到死谁也不敢下此论断，正如你越不相信什么就越会发生什么一样。这就好比越不相信一夜情，或许过段时间，一夜情就发生在你的身上，或许你不信一夜也会有爱，但是一夜过后，你也可能就会产生爱。这就像一见钟情一样的感觉，只是一见钟情很多时候都是夭折。但是，你却不能否定你没爱过。

爱情原本就是个双刃剑，不痛就代表着爱的不深。一辈子与一个男人长相厮守几乎是我们所有人的愿望，但是，偏偏人生有那么多的无法预料。爱情也会随着时间的改变而改变，只是到了某一个阶段，突然失去了爱的感觉，又爱上了另一个男人。这并不代表着可耻吧？因为，我们只是顺从了心的要求。心底的声音其实是最真实的，只是有些人敢做，有些人不敢做而已。

很喜欢那种凄美的爱恋，也相信一些完美的爱情。但是，缘分天定！很多时候爱还是屈从于缘分，我的原则始终就是坦然面对任何一段感情，只要你爱了，那就是爱了！

女人在什么状态下最容易失去男人？

爱会使一切变得很多，爱的那一刻，女人恨不能整日缠着男人，感受着他的呼吸，感受着他的甜言蜜语。可是，随着时间的推移，女人发觉男人越来越忙，越来越沉默。于是，女人开始心慌，开始猜测，直至越来越没有了自信和底气。纠缠和责问成了女人的主要发泄方式，焦头烂额的男人开始躲避女人，甚至一跑了之。女人始终不明白到底做错了什么？为什么前段时间还是百依百顺的男人突然地逃离?

其实，究其原因无非有三点：

一、爱情只是男人的停靠点，而不是男人的全部。

男人是个很奇怪的动物，在他的一生中有很多值得去做的事，这其中不仅仅包括爱情，还有事业和爱好。所以说，爱情在他的生命中最多只占一小部分。虽然只有那么一小部分，可是男人依旧缺少不了爱情，当一段爱情开始的时候，男人极力讨好女人，想在那一刻许下一生的承诺。可是，随着时间的慢慢推移，当爱情变得稳定，当男人以为彻底得到了女人，就开始漫不经心，因为，他还有自己的事业和爱好，难免重心不发生转移。而这时的女人却因为男人的突然忽略而出现紧张期。于是，纠缠和责问成了女人的主要方式。女人追的越紧，越使男人感到压力与紧迫，从而甩掉女人用来减轻负担。

二、你只是他的一个风景

很多时候女人始终搞不懂，男人为什么会在那么短的时间内就想摆脱女人。其实，有句话说得好：越容易得到的东西，越不容易珍惜。于是，我们往往看到这样的一种现象，发生质变越快，分手越快。别忘了雄性规律决定了男人花心和征服的天性，男人总想用最短的时间来征服女人，以达到一种征服的快感。偏偏很多时候，女人属于慢热型，需要男人用浪漫和甜言蜜语来铺垫。

于是，征服使男人变得越来越聪明，他将使出所有的手段来得到女人。终于，女人经不住诱惑而上了套，于是，游戏结束。爱情并不会使所有的男人都变得聪明，相反，男人如果遇到特喜欢的女人就会变傻，从而忘了怎么去获得女人。我想那时的男人只有心跳和发慌，偏偏越是这样的男人越是痴心的男人。越是花言巧语的男人越是只想得到你的身体，他用各种理由做借口来诱惑你，直到你上钩后，他很快用忙做借口逃离。原来，你只是他的一个风景，而你偏偏动了情，发了疯!

三、男人也需要安全感

安全感不仅仅女人需要，男人也需要。当你给不了男人安全感的时候，大多数的男人不敢付出太多的真心。这里说的安全感不仅仅包括身体的安全感，也包括心理的安全感。而男人给女人最大的承诺就是婚姻，也是对女人安全感的承认。偏偏很多时候事与愿违，婚后不仅仅男人改变了许多，女人也改变了许多。当女人变得格外唠叨和抱怨时，男人突然没有了安全感。男人心想：我整日为了事业焦头烂额，为什么你还如此不懂事？于是，女人越纠缠，男人就越沉默。当我们看到男人用沉默来对待女人的时候，一方面是想自己放松一下，另一方面是想摆脱一下女人的纠缠。试想一下：如果你整日忙的要命，还要照顾一下女人不停地问爱不爱我，在不在乎我？这可真是一件令人头疼的事！这不仅仅男人承受不了，就连女人自己也承受不了。就像这些日子我就是忙得焦头烂额，工作QQ早已挂出不做闲聊的签名，却依旧有人不停地问你在干什么？为什么不理我？当你回答：不好意思，正在忙！对方竟然回复：哼！于是，火从心起，立马删掉！所以，我想如果在一个人焦头烂额，只想安安静静地做事或是休息的时候，最好你不要打扰他，那样的结果只能是把你彻底删除，只因，你已对他构成一定的压力和厌烦。女人尚且如此又何况是没有耐心的男人呢？

什么样的女人最容易在婚姻中崩溃？

早上起床，打开手机。刚刚洗完脸，铃声大作，原来是朋友打来的，忙接了电话，电话那边是朋友几近竭斯底里的声音：真是受不了了！我要离开这个家，原本以为老公给不了自己多少希望，却没想到儿子越大越惹人生气，这样的日子何时结束呢？崩溃了，真不如死了的好！朋友断断续续的大闹声令电话这端的我都无所适从，忙劝之！朋友渐渐安静了下来。

很多时候自己也在纳闷，为什么这么多的女人在婚姻中变得竭斯底里呢？那么到底什么样的女人容易在婚姻中崩溃呢？

· 对婚姻期望值太高的女人。这种女人善于想象婚姻，总觉得婚姻也一直如热恋一样，激情而澎湃，却独独忘记了婚姻中的柴米油盐与许多的责任。于是，当现实与理想发生严重冲突的时候，这种女人崩溃了。（应对措施：要及时调整自己的心态，毕竟生活与想象有一定的差距，我们要记得总是活在爱情里的人也只能出现在小说里，幸福需要浪漫与实际相结合。）

· 拿婚姻当生命的女人。这种女人把婚姻当成了自己生命的全部，老公和孩子就是她的一切，当婚姻出现意外的时候，她崩溃了，从此一蹶不振！（应对措施：什么都不是生命的全部，生命原本丰富多彩，这不仅仅包括家庭、亲情、友情、爱情，还包括自己的事业、兴趣、爱好等等！而婚姻也只是我们生命的一部分，只有意识到了这一点，当婚姻出现意外的时候，你才不至于失去所有的一切。）

· 喜欢游戏婚姻的女人。这种女人原本就没有安全感，她不相信爱情，婚姻在她心里也只是人生的一个必经之路，抱着和谁结婚都无所谓的态度匆匆走进婚姻。岂不知有时候缘分就是这么可笑，越是不相信什么就会发生什么。或许爱情就发生在婚后，于是，这种女人既想坚守婚姻又想拥有另一份爱情。游走在婚内和婚外的她，最终崩溃在自己布置的陷阱里。（应对措施：坚信婚姻，坚信爱情。既然选择了与另一半相守一生，就应该付出自己的感情，这样才会使自己无怨无悔。）

·总是抱怨婚姻的女人。这种女人既传统又世俗，婚后琐碎的生活很快使她变成了怨妇，在她的眼里只有不幸和缺陷。长此以往，再美好的生活也会变成不幸，到了最后也只能崩溃在自己的抱怨中。（应对措施：多看一看婚姻的美好，多感受一下家庭的温暖，少一份抱怨，多一份宽容，生活才会越来越好！）

·精于算计的女人。这种女人每天都在精打细算中，这不仅仅包括夫妻双方各自的财产，也包括夫妻双方每天的消费状况，夫妻俩什么时候都实行 AA 制，恨不能连做爱都要收费，在这样的精打细算中，夫妻变成了纯合作关系，而她最终崩溃在没有亲情的婚姻里，孤独与猜忌最终使她彻底与世界隔离。（应对措施：人生还有很多比钱更珍贵的东西，钱财也只能是身外之物，如果变成了人生的唯一，那么人生将会失去应有的意义。多体验一下友情、爱情、亲情，你将会感觉世界很美好。）

·红颜薄命的女人。这种女人每天沉醉在自己的容貌里，总觉得上天赐给她一张美丽的容颜，就应该赐给她一个白马王子。岂不知白马王子一直被她忽略，再美好的男人在她心里都有一定的缺陷，于是，抱怨上仓的不公，抱怨生活的不公。红颜逐渐老去，她也最终崩溃！（应对措施：都说丑妻家中宝，而作为一个女人来说不要总是拿容颜来作为骄傲的理由，要知道容颜终会老去，而生命的内涵却是日渐积累。有时候，我们真的是败在自己的虚荣心里，其实，真正的美好是心地的宽广和善良，记住这一点你就会觉得生活很美好！一切都是那么的公平。）

婚姻赋予我们很多的美好，也给我们出了很多的难题。而人生也不过如此，所有的人生都不是那么完美。接受缺陷，享受美好，才会使自己越来越快乐。

影响婚后女人安全感的三大物件

看到这几日网上热议韩寒的“让要买房才结婚的女人滚蛋”。作为一个结婚已经 13 年的女人，我发表一下我的观点：不要跟主动和你谈裸婚的男人结婚，既然一个男人舍得让你冒着贫穷一生的风险来守候，他是爱你还是害你？说到底这是男人自私的一种表现。当然，男人们总是渴望花最少的钱娶到最风光的女人，而女人也同样渴望能拥有最风光的男人，彼此而已。当柴米油盐代替了风花雪月，当物质需求摆在了女人面前，我想再优雅的女人也忍受不了长期的温饱折磨，而这时的男人你还有什么脸面说会给女人安全感？当然有钱人体会不到没钱人的欲望，同样没钱人也理解不了有钱人的浪漫，而婚姻却是赤裸裸的生活，或许 5 年女人不会跟你计较贫穷，可是 10 年呢？当女人的安全感越来越低，我想：这时婚姻的墙是脆弱的！而婚后物质恰恰是摸得着的东西，有形无形中会带给女人足够的安全感。

一、房子

这几日在北京满耳朵里都是房子，且不说有钱人对房子的炒作，还是没钱人对房子的渴望。房子一直是人们脑子里的窝，尤其对于婚后女人来说，没有一栋属于自己的房子始终是一块心病。家的概念始终是和房子、男人联系在一起的，如果长期漂泊在租房或是低保的生活状态中，如果房子成了一生的渴望，我想这个女人也幸福不到哪去。这时有男人可能愤愤不平：不是男女平等了吗？为啥要求男人买房？而在此我也只能说：难怪中国的伪娘越来越多！无论你怎么叫嚣着对爱情的高尚，在长期缺米的日子里，还何谈幸福？那只能叫穷乐呵，有点讽刺的意味。

二、事业

我想长期失去事业的女人在任何时候都是不安全的，婚姻不应该成为女人事业的终结。当一些女人婚后开始依赖男人，尤其随着孩子的到来，更是全心投入在了孩子和男人身上，长此以往女人望着越来越优秀的男人，突然发现安全感在慢慢降低。其实，两个人的距离往往就产生在两个人步调不一致，长期的居家生活使女人丧失了很多与社会接轨的能力，无论你怎么去否认，不自信还是不由衷中流露出来。所以，坚守一份事业对女人来说很重要，不要求你做的优秀，最起码保证温饱。

三、修养

我想无论哪个女人都讨厌黄脸婆称号吧？当别人很认真地对你说：黄脸婆！那一刻，每个女人都会生气，第一反应就是赶紧去找镜子，然后开始挑剔自己，这是女人的通性。无论这个女人婚后邋遢到何种程度，还是不希望从别人嘴里说出事实。容貌和修养有时候真是影响女人安全感的重要因素，而这个因素的制造者偏偏是女人自己。所以说，女人有时候令人哭笑不得，既渴望安全又在制造不安全。而聪明的女子选择给自己加强安全感，不断地修养自己。

女人，请别让男人来左右你的身体！

不知道是讨你的欢心，还是迎合你的口味？反正女人该改造的地方都改造了！鼻子垫高了，酒窝人造了，胸也变得丰满有型了，为了你女人想尽各种办法来改造自己的身体。可是，换来的却又是你的嘲笑，原来不完美也只是一个借口，不爱一个人的时候连一点缺陷也接受不了！

相信完美的爱情，总觉得如果一个男人爱女人会连她的影子都爱。这就好比，如果爱上一个杀手，会连她的杀人也爱。其实，爱有时候就是这么纯粹，盲目而勇敢。爱一个人连同他的每一个毛孔，甚至每一寸皮肤都爱，这种爱才叫做彻底！所以当一个男人挑剔你身体不完美的时候，更多的时候还是缺少一定的爱！而你至于为了一个不爱你的男人来冒着风险改造自己的身体吗？我想当隆起的胸变得脆弱无力的时候，最先逃跑的还是那个口口声声说爱你的男人。当一个男人真正爱你的时候，是不会让你冒着任何风险来改造自己的身体的！

其实每个女人都爱胸，甚至幻想着自己的身体也如维纳斯一样的完美。可是，上帝偏偏给你出了许多的难题，当你腰肢细腻柔软的时候，偏偏胸如平地一样的坦荡。于是，女人也在感慨，恨不能冒着风险来使自己变得完美起来！于是，丰胸也成了一种热潮。可是，被填充起来的胸随时像一个定时炸弹来击垮你的身体！于是，女人也在恐惧，唯恐哪一天隆起来的胸会让自己失去眼前的一切！女为悦己者容，可是如果拿着自己的身体来冒险的话，我想还是选择生命要紧，反过来又想，如果一个男人贪一时快乐而弃你的身体于不顾，这样的男人还值得你去爱吗？所以说，女人啊！请别让男人来左右你的身体，身体更多的时候是自己的本钱，失去了尊严，爱岂不是显得那么的可耻？

我是一个平胸的女子，但是从没感觉有什么不好。当别人笑着说飞机场的时候，我也只是轻轻一笑：现在流行玲珑乳。我热爱着我的身体，热爱着父母赐予我的一切，望着自己虽不十分完美的身体，还是会时常沉醉在其中。对于爱情来说，我更喜欢能接受我一切的男人，包括一点点的缺陷，而这点也正如我爱他一样，爱他每一寸皮肤，甚至每一个毛孔。爱是如此的沉醉，如此的彻底！而当你最终说不喜欢我的一点点缺陷时，更多的时候我会选择离开，这是因为比起你讨厌我的身体，我更喜欢完美！

女人要学会自己主宰自己的身体，所有的挑剔都只是一个借口，这是因为当你冒着风险去取悦一个男人的时候，爱早已变得不再纯粹，失去自我的时候，什么时候都不会感觉到快乐！而我们需要的不仅仅是一时的快乐，更多的时候我们还是需要一生的幸福！爱他，但是更爱自己，自己的身体自己作主！

女人！先拴住自己再去拴住男人！

这个世界，好多女人得了失心疯，为了男人而发疯。各种报刊常常弥漫着怎么拴住你的男人？各种招数用尽，却发觉比拴住条狗难多了。于是，女人疯了，男人笑了！宠爱加宠爱下，男人依旧拴不住。女人逃了，男人傻了。

在物欲横流的年代里，我要说的是：女人，请先拴住自己再去拴住男人。而事实常常是，女人怕失去，以至于拼命去抓住，男人再害怕，却在逃。

见到旁边店面一对小恋人，男人长得帅一点，女人长得稍微逊色一点。于是，女人时刻在慌张，唯恐男人跑掉，每天拴在身边，每每听到男人的手机响，就心惊肉跳的，哭着喊着不让男人出去。偏偏男人正值青春年少，狐朋狗友多一些，怎么会呆在家里守住店面？于是，吵闹频起。我就想：男人岂能如狗一样被你拴一辈子？何况又一美男，垂涎的太多，这可是狼多肉少的年代，尤其对于美男！显然女人的逼迫起了反作用，男人越发起了逃跑的心。

物质越发达，女人越不安全。一亩地三头牛的时代早已过去，取而代之的是一片大好河山，男人越发不满足于一个女人，而女人越发不满足于男人的漂泊。眼见生活条件越好，许多女人都居了家，有点贤妻良母的潮流。男人在外面拼江山，女人在家守江山。男人越拼搏越有了魅力，女人越守越没有了底气。说到底，差距造就距离。这世界变得太快，一时不努力就会被淘汰在黄脸婆大军里，而男人每日面对的是众多美女，怎能不漂泊？

女人啊，与其想去拴住男人，不如先拴住自己。别让时光悄悄把自己变成黄脸婆，拴住自己也是一种生活态度。这里的栓是让你拴住魅力、拴住事业，甚至拴住爱好。男人嘛，凉在一边，随他去闯荡。越不在意的东西，很多时候越不会离你远去。当然，有些爱情至上的女人会为了爱而得了失心疯，非得守着吻着爱着，才叫真正地爱。可是，在长期的柴米油盐里，我的公主啊，你又能当几天的公主？岁月会把一些爱情抹掉，但不能把你的活力抹掉。拴住自己别让岁月把你悄悄地颓废，赚自己的钱、赚自己的魅力、甚至赚自己的人生。这样男人才能更爱你。原来，拴住了自己也拴住了他，只要有爱，哪个也跑不了。

女人在婚姻中需跨越的几道坎

穿上婚纱的那一刻，女人感到好幸福，或许从此缘定终生，所有的浪漫故事就此定格在那一个画面！可是为什么随着婚姻的到来，女人却感到越来越茫然，仿佛一切都在改变？女人心想：到底是我变了呢，还是他变了？我要的幸福到底在哪？

浪漫坎。从恋爱走到婚姻，从浪漫走到柴米油盐，女人首先要面对是这一道坎！婚姻是一个责任与爱情的综合体，刚刚走进婚姻的女人难免会有一种失落感，这是因为女人都是浪漫动物。试想一下：女人突然从一个被宠坏的公主变成一个居家女人，难免会有一些落差，进而产生失落，而这并不是婚姻的错，而是生活的必然结果。激情也只能是一刻，平平淡淡才是生活的真谛！

生儿育女坎。女人仿佛只有生完孩子才算上一个真正意义上的女人，每个女人都有与生俱来的母性，也都想要一个可爱健康的宝宝。那些打着丁克家族的人也只能算是另类，这几年人们又被生育热所笼罩。而生儿育女几乎又是一个女人的必经之路，所以也是一个女人应该面对的主要问题。当从为人妇变成为人母，女人的心理落差是非常大的。这时，大多数的女人把注意力转移到了孩子身上，进而忽略了丈夫的感受，从而使婚姻陷入另一种尴尬。这时的女人要有一定的平衡感，丈夫和孩子都是自己生命的一部分。

婆媳关系坎。自古婆媳是冤家，两个女人仿佛在争夺一个男人的爱。而生活习惯、思想差异都是矛盾产生的根源，能否协调好两人的关系也是一个大学问。爱需要感化，女人千万要记住一个道理，无论婆婆有多大的错误也是生养你男人的母亲，婆媳之间糊里糊涂才是快乐！

黄脸婆坎。嫁做人妇，许多女人感觉好像完成了人生大事，于是，再也不在乎自己的修养与打扮，黄脸婆由此产生。男人也在纳闷：为什么如花的女人会变得如此庸俗？于是，审美疲劳！当男人又有了新欢时，女人才想起照一照镜子，大呼晚矣！试想一下：一个连自己都不爱的女人，怎么让别人来爱你？爱他，但是更爱你自己!

婚外诱惑坎。结婚以后女人才发觉好男人有的是，面对着越来越崇拜的目光，女人的心也在漂移，为什么当初不选这样的男人？于是，许多女人婚后都有嫁错人的感觉。岂不知，很多时候并不是嫁错了人，而是对婚姻要求的太过完美，进而感觉有点失落。面对婚外的诱惑，女人要把握好底线，很多时候爱情也只是虚幻，真正吸引你的或许并不是那个男人，而是爱情的幻想。

婚姻之痒坎。不知道因为什么，女人仿佛再也找不到原来的感觉，真的想摆脱这种生活去寻找另一种生活模式。于是，女人的内心也在痛苦，婚姻仿佛变成了鸡肋。其实每一段婚姻都有低潮期，始终幸福的婚姻也只是一个特例。正应了那句话：夫妻原本就是冤家，吵吵闹闹才是一辈子，知道痒痛才会换来以后的幸福。

失去自我坎。结婚了、嫁人了，许多女人把男人当成了自己的唯一，进而失去自我。别忘了我们不可能要求别人爱我们一辈子，也正如我们不敢保证会爱别人一辈子一样，所有的事物都有可变性，而婚姻也是如此。保持精神和经济独立是一个女人的必修课，只有独立了，才有可能在转身的时候不至于输得一塌糊涂!

婚姻是美好的，只是很多时候我们强加了自己的意愿，所以才感觉不到快乐！女人要学会感受快乐和幸福，才能和他白头到老！

女人面对男人道歉应持四种态度

男人是不善于道歉的动物，就像男人的眼泪不轻易的流。当我们见到男人眼泪的时候，一半是感动，一半却是怀疑。女人总是心软的动物，而男人的眼泪恰恰击中了女人的软肋，得逞后的男人一边不擦干脸庞的泪，一边把女人揽入怀里。就像道歉对于男人来说同样的艰难，当我们突然听到男人对自己说对不起时，要用手捂住他的嘴，我们怕啊！怕男人揭穿真相后让我们独自来承受。原来，有时候对不起不一定代表忏悔，更多的时候代表着解脱，不是吗？

对不起对于男人来说真的分两种情况。一种是解脱：这种情况一般发生在他背叛你而又想摆脱你时，这时的男人突然向你说对不起，下一句也许就是分手，这不是解脱是什么呢？另一种是忏悔：这种情况一般发生在事情败露后，就像伍兹发表的公开道歉信，希望通过忏悔来挽回一切。所以，作为女人面对男人道歉应持四种态度！

一、阻止他说下一句

当一个男人突然对你说对不起，那真的要堵住他的嘴，一般等待你的就是分手的信息。男人不会无缘无故向你说对不起，很多时候是背叛和做错事自己承受不了而向你坦白，坦白过后就是解脱，这不仅仅是他内心的解脱，也希望就此摆脱你。所以，当一个男人突然郑重其事地向你说对不起，那就用手堵住他的嘴。因为，我们实在太怕一些残酷的结果。

二、观望

有时候观望也不失一种策略，就像伍兹的道歉会，虎嫂的缺场已经明确地表示她不会因为几句道歉就会原谅他。对于男人犯了这么大的错误，观望的态度比较适合女人。只因所有的言语也抵不过行动，只有行动彻底地悔过，这才是真正的悔过。急于原谅犯了很大错误的男人，只会把自己重新置于尴尬之地。

三、不要得理不让人

如果只是小两口之间的吵闹，男人的道歉显得那么可爱，这时的女人不要得理不让人，巧妙地应对他的道歉，惩罚一下他的行为，更能增加彼此的爱意。怕就怕女人一看男人来道歉，却越加数落他，搞不好一场道歉不欢而散，弄得男人以后再也不向你道歉。原来，很多时候得理不让人也会把自己置于尴尬中。

四、面对口是心非的男人坚决说不

很多时候男人以道歉为借口来达到自己的目地，对于这样的男人我们要坚决说不。面对着他一次次地道歉，道歉后又不加悔改，反而变本加厉地再次折磨你的神经。就像赌徒发了多少誓还是照样走进赌场，就像花心男在原谅他后又一次次地背叛，难道面对这样的道歉我们还能再信么？如果道歉对于这样的男人来说只是一个借口，那么，我们就要坚决说不。只有这样，我们才能得到最终的解脱。

女人，请放弃漠视你的男人！

一个男人的漠视很可怕，他会让一个女人感到手足无措。当你把头埋在他胸口的时候，得到的只是他敷衍的拥抱；当你泪流满面对着他的时候，得到的只是不厌烦的表情；当你每天都在想办法来讨好他的时候，得到的只是冷漠的脸。那么我想一个女人的心就会被伤透，女人整天在琢磨：他到底爱不爱我了？为什么我还舍不得放弃？男人的漠视有时候真的可以杀死一个女人对爱的幻想。如果一个男人对你的勾引都没有一点点反应的话，那么还是痛痛快快地结束比较好，呆在这种爱里只会把自己的心伤透！

男人的漠视通常分三种：语言漠视、身体漠视、行为漠视。

·语言漠视主要表现在语言上。当你想尽办法来引导他说话的时候，他只是在那不言不语，如同对牛弹琴！在这种没有语言交流的婚姻或是爱情里，女人感到真的很无奈，毕竟人都是有感情的动物，靠大脑来维持正常的思维活动，如果缺少了语言的交流，我想这种爱情也只能慢慢腐朽。

·身体漠视主要表现在身体交流上。当你伸出双手想去拥抱他的时候，却被他不耐烦地推开；当你想和他温存、释放激情的时候，却得不到应有的回应。在这种缺乏身体交流的爱情里，女人会如同没人浇水的花慢慢枯萎。

·行为漠视主要表现在行为上。当你表达出一种建议，总是能得到他的回应。可是，过后你却发现他每次却用另一种方式来解决问题，完全置你的建议于不顾。这种行为长此以往，每每使女人感到欺骗。

漠视真的很可怕，它如一把隐形的刀杀人于无形中。在婚姻里，我们往往称这种行为为冷暴力。面对一个男人的冷暴力，女人有时候真得恨不能他捅自己一刀来得痛快些。可是，生活中偏偏有这么多的无奈，男人能忍受得了沉默，女人却能在沉默中死去。男人通过漠视来惩罚女人，女人通过唠叨来惩罚男人，于是，爱越来越远，远到看不见尽头！

有时候女人对男人的漠视真的很无奈，既舍不得放弃，又感到折磨！于是，女人想出各种各样的办法，来引起男人的注意。可是，如果连勾引都无法奏效的话，你觉得还有必要去讨好他吗？处于被动地位的女人只会越来越被动，而处在主导地位的男人也会越来越反感。无爱是引起漠视的主要原因，当一个男人拒绝用身体和语言再和你交流的时候，原因只有一个就是他不再在乎你了，不再爱了！那为什么还要一遍遍地欺骗自己呢？我们每次都用掩耳盗铃的方式来掩盖自己的心情。其实，内心早已明了！当一个男人不再需要你的时候，他就会用漠视来对待你。而我们偏偏用各种办法来挽回，得到的有时候只是更残忍的结果。所以，我要说的是，当爱还没有完全走到尽头的时候，转身就走，也许是一个减少伤害的最好办法。

当初张爱玲一次次被胡兰成伤透了心，甚至低微到尘埃里去索取爱，得到的是什么？得到的只是伤心与绝望。于是，在爱还没有彻底消失的时候，转身就走，空留胡兰成痴想下半生。爱情有时候就是这么的残酷，也无法确定。这和你遇到的人有很大的关系，也许在这场爱里你是娇蛮的，但是在下一场爱里也许就是卑微的。而大胆的放弃，有时候真的是最佳选择！我们永远记住的一点就是，男人的漠视大部分和不爱有关！

女人，你学会做新贤妻良母了吗？

一提起贤妻良母，在我们的印象里就会出现一个任劳任怨的女人形象。可是，为什么这么任劳任怨男人还是离家走出呢？在传统女人的思想里，只要把自己的男人照顾得好好的，就会得到婚姻的幸福！可是付出和回报往往不成正比，太压抑了自己反而感觉不到快乐。当你还在家里任劳任怨的时候，得到的却是黄脸婆的称号，难道说贤妻良母真的那么恐怖吗？难道说男人就真的那么绝情吗？回答是：NO! 这主要是老式的贤妻良母已被淘汰，取而代之的是新的贤妻良母形象。

那么老贤妻良母和新贤妻良母有什么区别呢？

· 就外貌而言，老贤妻比新贤妻更会算计和节省，老贤妻总觉得已经结婚了就没有必要去打扮了，而新贤妻却在自己经济条件允许下依旧提高自己的气质，所以，相对而言老贤妻更容易向黄脸婆接近！试想一下：哪个男人会喜欢黄脸婆？视觉疲劳也会很快产生。

· 就独立而言，老贤妻只会依靠老公来决定一些事情，而新贤妻却是大气的，既有着自己的经济能力，又有着独立处事能力，问题的关键就是男人要的是一个妻子，而不是一个唯唯诺诺的孩子！

·就思想而言，老贤妻只会深迷在传统的思想里，男人就是她的天，而新贤妻有着自己不同的思想，时常令男人刮目相看。很多时候男人要的不仅仅是一个女人，而是一个可以沟通的女人！

·就家务而言，老贤妻只会埋头苦干，任劳任怨，而新贤妻会用自己的智慧让男人来分担一部分的家务。家是两个人的，共同体会做家务的快乐，可以增进彼此的感情与责任感。我们要知道男人要的不是保姆，而是一个女人！

贤妻良母并不代表着你能干活，或是任劳任怨就可以称为真正的贤妻了，随着社会的进步，随着物质生活水平的提高，人们对于精神的需求和高品位的生活要求越来越高。我们要的不仅仅是一个婚姻，更多的时候，我们要的是一个幸福的婚姻。而婚姻的幸福与否也取决于你遇到的男人和相互的经营，一味地盲目付出只会使自己身心疲惫。记得一句话说的好：爱，但不要裸爱。完全失去自我的裸爱，只会把你的男人吓跑。爱既需要一定的距离，又需要相互的关心。

贤妻良母是每个男人的所求，但是做盲目没有智慧的贤妻良母却是女人的可悲！结婚并不代表着卖身，只有站在平等的位置上生活才会相互有吸引力。而位置的过度悬殊，只会使自己置于不尴不尬之地。我们既不要变成泼妇，也不要变成怨妇，而做一个既有自我、又有魅力的女人是每个婚后女人的必修课。只有学会了自爱，才能得到别人的爱，这是一个永恒的道理。所以，让我们做一个新时代的贤妻良母吧，既有女人味，又不会失去自我。

第三章　婚后爱情保鲜手册

与心爱的人步入婚姻殿堂是一件神圣且美好的事，不仅是一个男人给一个女人的承诺，也是彼此爱情的正果。然而，有多少人在婚后开始抱怨：婚前婚后就是不一样，他变得太多了，难道每个男人都是这样么？目的达到了就不再伪装了？好吧，初入殿堂的你需要放下失落与抱怨，翻一翻婚后爱情保鲜手册，你会美得尖叫。

婚后，有多少人还相信爱情?

爱是多美的一个词啊，它可以浪漫到冒着雪去拥吻，它可以残忍到让你心碎。我想：很久以来我们迷失了爱，很久以来再也没有体会到爱的滋味？那或许只是婚前的事吧？婚后的那种爱太过于平淡，还是真正的爱吗？而你是不是也在怀疑呢？

宁挣脱了浩的怀抱，脑子里有一个念头：我要回家，这会让我堕落。匆匆地赶回家后，宁松了一口气，只是不知道下一次再见到浩会不会身不由己？这真是令人头疼的事！想一想婚前也是爱的死去活来的，为什么婚后会再一次的迷失？难道人的心就是如此不堪一击？宁在重新审视自己，到底是弄丢了爱情，还是从未找到过爱情？为什么又重新泛起爱的波澜？

我想这是许多女人为之苦恼的事吧？婚后，还有多少人会相信爱情？爱情是不是过于飘渺？而现实是不是过于残酷？柴米油盐到底让我们失去了什么？是不是失去了爱的心，是不是有一个魔鬼时刻在引诱我们去犯罪。

昨日，下着雪，和朋友一起去购物。朋友颓废地对我说：他

（朋友的前夫）又有了一个女人。我：这个男人原本就不可靠，既然背叛你还会背叛下一个，这就是例子！朋友笑：是啊！最近我也在装修房子，只是不准备那么快再婚！我：这可得考虑清楚，看你的新男友太老实，和老实男人在一起还没过够吗？他会带给你什么？钱肯定不会，情呢？就那个木讷样也没有你想要的爱吧？朋友：这也是令我苦恼的事，所以，婚期一直拖，实在不行就甩了他，实在是受够了穷男人的苦。我：是啊，嫁过一个穷的，照样背叛了婚姻，既没得到钱又没得到情，所以，我劝你还是先看对方实力再说吧！朋友：我早已不相信爱，等房子装修好这个男人也得给我消失，实在是没精力再和他谈情！

有多少女人婚后还会相信那么多爱情呢？我想大多数都会颓废在平淡和争吵中，爱情真是很遥远的事。于是，我们在内心压抑着，不让爱情的想象重现出现！可是，许多的时候就怕禁不住诱惑啊，诱惑的魔鬼实在是太多。女人对于爱情的想象出乎自己的料想，宁虽然暂时挣脱了浩的怀抱，可是，下一次再见呢？会不会最终游荡在婚外？

爱情也许只是一个虚幻的影子，尤其对于婚后的女人来说，过多的幻想爱会令自己迷失。只因，我们最终知道所有的爱都会变老，所有的爱都会冷却，尤其我们不再年轻，还能承受几次真正的失恋？原来啊，我们最终变得成熟，最终不会全心投入，爱情对于婚后的女人来说也只是婚姻的一小部分而已。而大部分是更多的责任和亲情，不是吗？

婚后，女人离黄脸婆究竟还有多远？

黄脸婆虽然是每个女人都不想要的结局，可是，婚后还是有许多的女人走进了黄脸婆的行列，望着她们婚前婚后的巨大差异，不光是男人们感到吃惊，就连女人们也感到震惊。其实，黄脸婆离我们每个女人都不远，稍不注意就会沦为真正的黄脸婆，而你却还在沾沾自喜，这不能不说是一种悲哀！

那么造成黄脸婆究竟有几大因素呢？

一、性格的原因。有一种女人天生为了家庭而活着，家就是她的唯一。于是，结了婚的她一心一意地扑在老公和孩子身上，却忘记了自己的容颜和装扮。于是，皱纹早早地爬上脸庞，衣襟上时常沾着油渍，当家里的男人用吃惊的眼光望着她时，她还幸福地笑：只要你风风光光的就好，我就无所谓了，有件衣服穿就行了，又不是小女孩，又不是谈恋爱。男人最终失望的摇了摇头，想一想外面女人的妖娆，家里女人的糟蹋，叹了一口气！于是，我们时常看到这样一种情况，男人带着情人去外面应酬，而家里的女人依旧在无怨无悔地做着家务。这也许就是生活的可悲，黄脸婆最容易造就好男人，也最容易失去一切。

二、环境的原因。都说好的婚姻会让女人的脸庞发亮，很多时候，女人的幸福真的与遇到的男人有关。一个好男人会让女人为他而改变，这是因为，一个好男人会时常夸耀他的女人，让女人时常感到脸上有光，从而不停地加强自己的修养，所以，越来越美丽。一个好男人会给予女人足够的物质需求，他不忍心看着女人为了家庭而奔波成黄脸婆，很多时候，黄脸婆真的与物质有关，有了好的物质做铺垫，我想女人不可能不知道去打扮。一个好男人会时常在家陪着女人做家务，于是，女人有了更多的时间去享受这种爱，为了爱而发出光彩和美丽。因为恋爱和家庭的幸福都会让女人容颜焕发！所以，婚后的环境真的可以改变一个女人的容颜。

三、婚后自身修养的原因。黄脸婆不光光表现在装扮和修养上，还表现在自信的气质上。很多女人婚后最容易失去自信，忘记了结婚到底是为了什么？婚后的众多不适应，使有些女人变得越来越唠叨，越来越不自信。于是，盘查男人的行踪，盘查男人的口袋，盘查男人的手机，猜疑和唠叨时常代替着整个婚姻生活，最终搞得两人都很疲惫，婚姻如同被套上了枷锁，变得有点沉重有点累！望着镜子里越来越憔悴的面孔，黄脸婆的称号不经意间爬上了脸庞。原来，有些时候不自信更容易使自己变成黄脸婆。

四、婚前的伪装、婚后的显现。很多时候，女人比男人更善于伪装。婚前，有些女人为了钓到金龟婿，不停地变换着花样来装扮自己。可是，婚后，这类女人终于露出了本性，懒是她的本质。俗话说：没有丑女人，只有懒女人！婚后，女人觉得自己的目地达到了，所以，不再伪装自己。于是，邋遢的形象重新显现。黄脸婆其实就是她的本质，面对这样的女人不仅仅男人无语，女人也是无语。

婚后，女人离黄脸婆真的不远也不近，就看你怎么去做。如果，感觉做黄脸婆也是一样的开心和快乐，那么去做也未尝不可。如果，感觉黄脸婆会让自己伤心，那么我想还是先学会爱自己，再去爱别人吧！试想一下，一个连自己都不在乎的人，还有什么资格让别人在乎你呢?

婚后为何女人比男人更容易后悔?

当两个人爱到极至，女人最先想到的是天长地久，总希望以婚姻来结束两个人的爱情长跑。于是，女人总是有意无意地提起结婚，而这时的男人仿佛一个孩子，总觉得还没玩够，还没有疯够，总是一拖再拖。终究拖不过婚姻的诱惑，于是，狠下心来与所爱的人一起走进婚姻的殿堂。

结婚以后，男人才发觉婚姻是如此的好，既不用为了做饭而发愁，又省了自己洗衣服。家里凭空多了一个服侍自己的人，这又何乐而不为呢？而自己的主要任务就是为了这个家而奋斗，正所谓：成家才能立业！有了一个好的妻子做后盾，自己可以安心在外面闯天下，既舒了自己的心又满足了自己的爱好。所以很多的研究证明：婚后的男人比单身的男人要幸福的多。虽然大部分的男人不爱走进婚姻，可是，当他真正走进婚姻的时候，却发觉婚姻比想象中要好得多。而女人却是正好相反，没结婚的时候，总渴望找到一个好的归宿，恨不能早早就把自己嫁掉，所以只要遇到自己满意的男人，就会很快把自己嫁了。可是，结了婚以后，却发觉没有想象中的那么好，既失去了一定的自由，又给自己增加了许多的负担。这其实与女人的性格有关，在中国传统的思想影响下，大部分的女人还是遵从了“嫁鸡随鸡、嫁狗随狗”的思想。自从嫁了人以后，就迷失了自我，总觉得自己再也不是自己了，已经成了人家的人了。所以，大部分女人结了婚以后却是越来越寂寞，因为她把自己完全交给了一个男人，没有了自我怎么会感觉到幸福呢？这就是为什么女人嫁谁都后悔的原因。

当你把自己当成了另一个人的附属的时候，就会事事渴望对方能达到你的心理要求，没钱的时候，渴望老公给你挣好多的钱；有钱的时候，却希望老公能给你好多的时间。结果，往往自己把自己困进了一个牢笼里，始终也得不到应有的快乐。而男人却是恰恰相反，他把自己当成了一个家庭的主宰，所以，也不用看女人的脸色行事。没钱的时候，他会以一个平凡的男人自居，用平淡的态度对世。而有钱的时候，他会一个骄傲者的样子自居，使你不敢太招惹他，免得他离家出走。这其实就是女人的悲哀，当一个女人真正走进了婚姻，就会忘记了自我，变成了另一个人。就如婚前的黄蓉和婚后的黄蓉就判若两人，婚前的黄蓉骄蛮任性，而婚后却变得死气沉沉，让人感到兴趣索然。

女人都是容易幻想的动物，在她的思想里永远充满着浪漫的幻想。婚前的她把婚姻想象的过于完美，把自己想象成了一个不沾凡尘的仙女，可是，婚后的柴米油盐使她彻底落入凡尘，于是，几乎每个女人都心生抱怨，这也是没有办法的事。毕竟大部分的女人经过了婚姻的磨练，还是使自己归于平凡，不再向往一些得不到的东西。所以，家还是给了女人许多的温暖。

其实，自己的生活自己创造，这就是为什么有的女人婚后依旧光彩照人，而有的女人却是变成了一个怨妇的真正原因。让我们永远记住这个道理：人生没有太多的后悔，上天让你失去了多少，也会让你得到多少！

婚后，女人该怎么寻找幸福感?

春天到了，也许是发情的季节，狂躁落寞的情绪充斥着整个的心，有点发狂。一切都静的可怕，包括店里的生意，清冷的让人感到烦，包括一向热闹的QQ，没有一丝的闪动。朋友在呼我：在那干嘛？我：发呆！你呢？朋友：有点闹心，闲的难受，既懒又烦，想找个人来陪。我笑：春天的症状，我也是如此，有点压抑地发疯。

昨日，实在受不了这种情绪的蔓延，于是，拉着死党去看烟台的海，去品海边的咖啡屋，去喝那里的酒。死党笑：发疯了，每年一次的发疯，每年一次的折腾，真是服了你！我苦笑：或许吧！咋就抑制不了这样的情绪呢？抑郁得让人难受。

这几日，一直在想：婚后，我到底得到了多少幸福感？为什么落寞的情绪时常蔓延？这种生活到底是不是我想要的？答案是否定的！原来啊，随着时间的改变，我们的思想也在变，就如这泛着白菜叶的日子，让人过得有点烦。就像这缓缓不暖和的天气，冷的让人恨不能砸了天。初春或许就是夹杂着烦躁，然后慢慢地爆发吧？

当初的爱情在柴米油盐中慢慢地消散，生活渐渐地显露出本质，这种赤裸裸的平淡令一切都变得有点惨淡！正如海萍发疯地喊：我这是自掘坟墓，爱情的坟墓。看到这惨然一笑：谁不在挖掘爱情的坟墓，可是，不挖掘还能让爱情死无葬身之地？这种逻辑真可笑！死活去盼着走进婚姻，却又发疯地想撕碎婚姻。人啊，总是在反复地折腾自己，就如小草在奋力地挣扎，最终破土而出。那眼前的光亮或许就是新的希望吧？却不知还有狂风和暴雨，甚至干旱。而人生亦不是如此？哪有处处得意？时常的不如意透着生活的本质，也透着希望。

坐在咖啡厅向外望，平静的海水微微泛着蓝，人们在悠闲地散着步。死党递过热热的奶，喝一口感觉心静了许多，一丝温暖透过了心。幸福或许就是那一杯奶，或是一个温柔的眼神吧？而婚后的我们是不是渴求的太多，以至于按时的发疯打破了这种不平静，然后重新回归生活，折腾过后却发觉自己越来越坚强，可以轻松地面对一些琐碎小事，可以缓一下口气来回答下一个问题。就如高烧到低烧，一直到退烧，自我保护机制在启动。幸福或许也随着高烧发疯，一直平静到只需要一个温柔的笑就可以解决一切。

结婚以后，女人最需要修炼什么？

时间走的真快，弟弟家的孩子都要出生了，更不用说当年的同学和朋友们了，该痒的早就痒过去了，大部分的人都还留在婚姻里，或多或少间都修炼成了贤妻良母，或许只有自己是个例外，依旧那么飘飘地……

好久不见的一个朋友今早打来电话，约我中午喝酒，无奈身体不适，宛然拒绝。不过，好久不见，还是很想。记得去年见她时，甚是吃惊，宛若一个仙儿一样的人竟然也能变得如此，胖了许多，衣服穿得再也没有做女孩时那么讲究，拉起她的手握在手心里，却发觉糙糙的。忙拿起一看，手竟然再也没有了以前的白嫩，多了好多的皱纹和洗不掉的油渍渗在手纹里。心一阵疼：跟了他的这几年，怎么弄成这样？朋友笑：家里添了一个小加工厂，人手不够所以也得帮着干，哪像你这么养尊处优的，什么活也不会干。我跟着笑，眼见着朋友一脸的幸福，这才心安。原来人是可以变的，当初那个只知道捧着《红楼梦》看的小女人也会变的如此泼辣，也许女人的一生真的和遇到的男人有关，而淡定随缘才使朋友如此的心安和幸福。爱情也许真会改变一切，令一个女人甘愿去改变自己的地位，甘愿去一起同甘共苦。

饭间，和老公说起以前的事，老公也只是笑。是啊，有几个女人会遇到十分迁就自己的男人呢？大部分的女人还是变成了从属于男人的贤妻良母，又有几个女人能像自己这么无所事事，这么自由呢？还不都是回家赶紧忙着老公和孩子，所以一个女人的改变和遇到的男人有很大的关系，既然大部分的男人都不会完全迁就于一个女人，那么女人结婚以后，就得修炼一种定力，一种对爱情的定力，一种对生活的定力。如果你遇到的是一个朴实而没有多少钱的男人，就应该和他同甘共苦一起把家建的更好，无论你以前是贵小姐还是大家闺秀，都得遵从爱情的选择，就像七仙女嫁给了董永从此舍弃富贵荣华，过上平凡生活一样，而这真的需要你的一种定力。定力不够势必引起抱怨，抱怨的结果只会让你越来越失去对婚姻的信任。如果你有幸遇到的是一个事业成功的男人，那也要学会一种定力，多疑和猜忌也会把你置于另一种深渊中，俗话说：一山不容二虎！如果你比他还要强势的话，我想他恐怕也会逃到另一个温柔女人的怀抱里。

结婚以后，我们真的需要一种定力，一种对婚姻的定力，一种对生活的定力。只因为世间没有十全十美的事，生活让你得到了一些，势必也会让你失去一些。而又有几个女人会遇到一个十分痴情的男人呢？就是遇到了也许你也并不是很爱他。有一句话说得好：家家都有一只锅，只是我们不能翻过来看，只因为每个锅底都是黑的。这也是“家家有本难念的经”的原因。既然婚姻给了我们各种各样的缺憾，我们就要学会坦然接受，接受这份选择，接受当初对爱的选择，而这就需要你修炼定力，直到修炼成一个幸福的小女人。

婚后女人，你有爱情饥渴症吗?

为了我们的爱情更长久，为了能与你长厢厮守，我选择与你走进婚姻的殿堂。可是随着时间的推移，我发觉我越来越寂寞，我需要一种浪漫的吻，可是在你那我却再也感觉不到；我需要一种心动的感觉，可是你却不再让我感到心跳；我需要一种头昏目眩的感觉，可是时间早已经把它磨得没有菱角。于是我怀疑，于是我感叹，可是我却忍不住一次次地幻想，哪怕冒着被灼伤的危险，我这是怎么了?

许多的婚后女人发出这样或那样的感伤:为什么房子有了，孩子有了，爱情却没有了呢?

婚姻使大多数的女人感到越来越寂寞，于是忍不住把触角伸出墙外，只为寻求那一份心动的感觉，可是那些所谓的爱情每一次都会把自己伤得遍体鳞伤，身在其中的女人都在叹息：难道自己追求的爱情，只是欲望结的果！

其实，当婚姻趋于平淡，大多数的女人都有这样的感慨。不是相互间不爱了，只是相互间的平淡让人感到窒息。曾经相爱的两个人仿佛都变成了透明体，彼此熟悉得不能再熟悉，这种熟悉让人再也提不起一点激情，于是许多女人患上了爱情饥渴症。

这种爱情饥渴症使人感到压抑，当内心的渴求与现实有一定的差距时，必然使人感到失落。于是有许多女人忍不住冒险去尝试，可是最终被伤得欲哭无泪，那么怎样才能摆脱“爱情饥渴症”呢?

· 首先要调整好自己的心态，激情只是一时的，亲情却是长久的，所有的爱情都会经过一段时间而趋于平淡，亲情终究会替代爱情。

· 找一份自己感兴趣的工作，得心应手的工作会使自己有成就感，事业的充实，不再使自己感到空虚。

· 学会自己制造点浪漫，而不是放任这种婚姻状态，一次陌生的异地游，会使双方重拾激情。

· 学会宽容忍耐，不要老是挑剔对方的缺点，多想一想他的好，会使你心态平和许多。

总之，爱是相互的，需要相互间的体谅。如果有这种爱情饥渴症时，也不要急于用另一段感情来填补自己的空虚，那只会使你伤得更深。要学会自我调节，慢慢地就会走出这个欲望的陷阱。

婚后女人最易遭遇的四大心理困惑

我想所有的事物都有高潮和低潮，婚姻也是如此，由激情向亲情转化的过程中，无论你多么虚伪地宣扬着幸福，也抵不过眼神那一丝的困惑。而人生也不过如此，总是伴随着快乐和忧伤，这只不过是一个成长的过程，或许，直到有一天你真正糊里糊涂了，那也算是活明白了。

婚姻给了女人很多的幻想，比如爱情的幻想、金钱的幻想、甚至一些不切实际的幻想，而正是这些幻想使女人陷入困惑。

困惑一：他还在乎我吗?

他还在乎我吗？他到底还爱不爱我？这是婚后女人产生的第一困惑。随着婚姻生活的展开，随着风花雪月的结束，随着柴米油盐的繁琐，女人突然发觉男人不再依着他，婚前婚后，男人彻底实现了从奴隶到将军的转变，而女人也彻底从公主落入凡尘，巨大的心理落差使女人时常怀疑着婚姻，怀疑着男人。于是，我时常听到女人这样问我：他还在乎我吗？其实，在不在乎不仅仅表现在语言上，当婚姻把现实生活赤裸裸地摆在了我们面前，难道我们仅仅需要语言上的在乎吗？很多时候是女人把自己引到误区里，在不在乎靠的是行动，而不仅仅是语言。当他为了家里的经济生活而忙碌，当他快乐地为你做着可口的饭菜，当他默默地叮嘱你感冒记得吃药，这不是在乎还是什么呢？困惑有时候只是心理的落差，而女人往往渴望完美。

困惑二：我只是个生孩子的工具?

随着孩子的到来，随着家庭重心都转移到孩子身上，女人突然感到忧伤：难道我只是一个生孩子的工具？其实，女人就是这么可笑，明明自己最爱孩子，却也受不了别人关心孩子比关心自己还严重。尤其是孕产妇更容易产生这样的困惑。其实，产后忧郁一是来自于生理，一是来自于心理。当一个人感到不被重视，自然感到失落，从而把这种负面情绪带到家庭中。缓解需要一个过程，需要内心的调节，这种困惑是暂时的，很快你就会从孩子的喜悦中转移了苦恼。

困惑三：我不是他生命里最重要的人

婚后，女人终于知道在男人心里并不是最重要的。当婆媳矛盾激化，当女人把委屈咽在肚子里，女人心底终于承认，如果两人同时落水，男人必定先救妈。于是，失落感产生。我们常常听到婆媳矛盾后女人的发疯：跟着你妈过一辈子吧！反正你也不在乎我！其实，这又有多么的幼稚可笑，婆婆怎么可能是亲妈？男人怎么可能不护着妈？当你有了孩子以后终于明白了一个道理，孩子在你心里永远是第一位，男人是次位，而婆婆亦不是如此。所以，不要强求婆婆在男人心中地位，孝顺原本就是一个美德，只是，不要愚孝。

困惑四：他真的没有房子踏实？

当婚姻走到一定的阶段，女人突然失去了安全感。有时候真的觉得男人没有房子踏实，房子可以容纳自己的身体，而男人呢？这种不安全感是随着婚姻的进展产生的，原来，我们最终逃不脱世俗的心。当初谈钱色变的情感早已随着岁月而流失，突然现实了起来，也突然感觉如果一个男人真的爱女人，就不会给些虚虚的承诺，而会来点实际的东西，比如钱、房子。这种困惑往往来自于女人青春的流逝，当镜子里的自己不再年轻，当细纹爬上了脸，女人突然产生危机感，从而怀疑婚姻的安全。其实，危机感是很正常的心理反应，只是看你怎么来调节自己的情绪，看开一些才会更快乐。

婚后，女人变俗的六大诱因！

黄脸婆的诞生大概就在孩子出生的那一刻，婚姻让大多数的女人完全变了一个样子，孩子、老公成了主要话题。爱情变得不再纯粹，女人变得不再浪漫，所有的事物都和柴米油盐扯上关系。女人感觉自己越来越俗，公主时代彻底宣告结束，或许在梦里还能梦游几回，可是，那终归只是一个梦。

诱因一：物质的折磨

当爱情走进婚姻，女人才发现面包永远是婚姻的主色调，没有钱，还怎么过日子？有了钱也要积蓄过日子。于是，女人开始了精打细算的婚姻生活，无论你嫁的是穷人、还是富人。女人终归摆脱不了算计的欲望，投资理财、赚钱存钱成了主妇的必修课。金钱带着讽刺意味让女人步入一个俗女的行列。

诱因二：孩子的操劳

随着孩子的到来，两人世界突然变成了三人世界。哭声、闹声、笑声夹杂着尿布、奶瓶，女人突然由一个弱不禁风的女子变成了一个全能超人。孩子既给婚姻带来快乐，又给婚姻带来麻烦。女人这时才知道做母亲是多么的不容易，孩子快速让女人变俗。于是，女人整天的话题除了孩子就是孩子。

诱因三：男人的改变

婚前婚后，男人的变化最大。婚前，男人喜欢甜言蜜语，婚后，男人喜欢指手画脚。婚前，男人喜欢服从，婚后，男人喜欢指挥。于是，女人的心理开始不平衡，唠叨逐渐爱上女人。不是嫌男人赚的少，就是嫌男人没时间。抱怨使女人渐渐地变俗，所以说，俗女大多还是来源于男人。

诱因四：传统模式的诱导

虽然这个社会一直在宣传男女平等，可是，大部分的女人依旧归于传统。在很大程度上，男女不平等的主要原因还是源于女人自身。女主内、男主外是大部分女人的传统思想，贤惠内敛成了中国女性的主要性格。可是，我要偷偷地告诉你一个现象：不贤惠的女人反而更能获得婚姻的自由和快乐。贤惠注定要循规蹈矩，注定要归于俗女行列，这也是大部分女子内心的需求。

诱因五：家庭关系的复杂化

婚姻使家庭关系变得复杂化，婚后女人不仅仅要应付众多的琐事，还要应付来自于婆家的七大姑八大姨。而最难处理的就是婆媳关系，任你变得再洒脱，也难逃婆媳之间的摩擦。于是，为了家庭的稳定，女人开始变俗，一面忍受着婆媳之间的矛盾，一面试图改变这样的局面。长此以往，女人就会在外面唠叨婆婆的不是，这也大大影响了女人的气质，怎么能不变得俗气？

诱因六：心理的暗示

婚前婚后，所有的一切都没有改变，变的只是我们的心态。如果我们以正常心来对待婚姻，那么婚姻就会成为一种美好。而大多数的时候，我们一直在提示自己已经结婚了，就不能和小女孩一样了，就应该变成一个家庭煮妇。如同旧社会女人结婚以后，非得用发型来区分身份的一样，这样的暗示很快使自己列入俗女的行列。

总之，恋恋红尘我们终归不能免俗，俗了不要紧，就怕是太俗，失去了女人原有的魅力，那真是不可取！

全职主妇应怎样求胜避险?

朋友在经历了几年全职生活后，空留一身颓废和落寞。面对着老公的离婚诉讼，面对着老公的财产必争，朋友心灰意冷，原来，这么多年养了一条狼啊！到底因为什么？难道这就是做全职主妇的错？到了末了人财两空？

其实，全职表面上幸福安逸，却潜在着很大的风险。如果，一个女人把全职当成了一生的事业来经营，我想这其中的胜算率简直太低。这是因为：

一、做全职必定把全部的精力都用在老公和孩子身上，于是，老公在你的细心照料下事业越来越出色，人也越来越风光。俗话说：一个成功的男人身后必定跟着一个好女人。面对着越来越优秀的老公，如果，你的步伐跟不上的话，我想必定有一种危机感。于是，时常的担心和猜忌成了全职主妇的心病。这个世界就是这么残酷，随着生活水平的提高，外面的世界越来越精彩，越来越有诱惑力，而职场女人又成为男人们的新宠。当男人们为了事业而打拼的时候，女人们又何尝不为了男人而争斗呢？当你的猜忌与不自信令男人越来越厌烦的时候，又怎能留住他的心呢？

避险支招：不断地给自己充电，这不仅要在个人形象上，而且也要在个人修养上不断地进步。只有这样，才能提高自信心，有了自信心自然少了猜忌，这样的你又何愁没有魅力呢？曾看到过这样一句话："不奋斗的女人是不美的"。所以，只有奋斗才能使自己魅力四射！

二、全职太太是投资最大回报最小的职业。纵然你把家打理得井井有条，纵然你把家经营得风生水起，可是，又有几个人会认可你的成绩呢？虽然，这其中包括着繁重的家务和孩子的教育，我想除了有良心的老公和孩子外，几乎别人都看不见你的光芒！这就好比：如果在家失业了，重返社会，你总不能跟用人单位说，我在持家方面经验丰富！那么，我想也只有保姆这个职业适合你，所以说，如果全职太太在家下岗了，回归社会将会很难，毕竟脱离社会很久。而如果一个人的价值得不到社会的认可，我想这项职业真是回报太小了！

避险支招：拥有一技之长是全职太太必须的，虽然在家里也要时刻有危机感，随时做好回归社会的准备。虽然，眼时过的很好，可是，谁又能保证以后呢？所以，不要放弃自己的一技之长，随时准备再用！

三、全职太太最容易把心全部放在搞家庭建设上，从而忽略了自己的经济来源。就如我那个朋友，每月的支出全部指着老公给的那点生活费，而不去真正了解老公的真实收入，以至于到了最后落得人财两空，我想到那时再后悔已经晚矣！试想一下，一个女人到了中年事业婚姻两茫茫，那岂不是很颓废??

避险支招：既然选择了做全职，就应该了解老公的实际收入和家庭的具体资产，切实深入到家庭资产中，起到一手抓，分流管理的措施，否则亡羊补牢，后悔莫及！

总之，做全职既安逸又冒险。随着生活水平的渐渐提高，依旧有许多的女人选择了回归家庭，把婚姻当成了一切。这里，并不是说做全职不好，做全职既可以有足够的时间来照顾老公和孩子，又可以得到安逸的生活。可是，居安思危是个永恒的道理，一个人如果把自己的全部都放在婚姻上，我想风险就是太大！

全职太太最易步入的四大心理误区

昨天，因了心情不好不爱去店里。于是，索性宅在家里一天。上午，边听着歌边做家务，感觉心情好多。于是，在 QQ 上戏称：如果有足够的钱，真想就这么颓废下去！朋友笑：你不是还要实现自我价值吗？我笑：实现啥呀，这样就挺好，多舒服啊！在家做点家务，挺简单的生活。

中午，阳光灿烂，照在床上惬意极了。把笔记本拿到床上，一边听歌一边睡觉。不知睡了多久，被QQ的呼叫惊醒。揉着眼看，原来是朋友呼我。忙回复：怎么了？朋友：没事！你在干嘛？我：睡觉呢，今天在家呆一天，不爱去店里了！朋友：不喜欢懒女人，那样多颓废！我晕：真喜欢这样的懒，多好啊！可是，事情并不如我想的那样，还不到下午4点突然感到闲得无所事事。于是，想：或许真不是做全职的料，没那份安静的心！

随着生活水平的提高，很多的女人选择留在家里守着孩子和老公。全职应运而生，或是为了孩子，或是为了舒适，每个人的选择不同，长期以来的居家生活使一些女人很快步入误区。于是，心想：做全职也需要足够的勇气。

误区一：自卑

长期的居家生活使一些女人跟社会脱节，自卑心理很容易产生。尤其是参加同学聚会或是家长会，这种自卑心理很容易显现。虽然极力掩饰自己的神情，可是依旧如蜡笔小新的妈妈一样在家里是英雄妈妈，在社会上却是底气不足！而没有底气也是自卑的一个诱因。

后评：多和社会融合，多提高自己的修养和自信，全职照样有底气。

误区二：怕孩子教育失败

既然选择全职在家，必然想全心全意地照顾孩子。所以，在孩子身上比职场妈妈付出的要多。可是，教育始终有一个可笑的现象，越是期待大的东西，越不一定效果显著。当一个全职妈妈把所有的心思都放在孩子身上，可见心中存着多大的希望啊！可是，天才却往往很少出现，当最终发现这几年的培养无果后，很多全职妈妈功亏一篑，一度怀疑这几年的价值所在？以至于忧郁不期而至。

后评：放小期望值，才能获得快乐。

误区三：怕得不到家人认可

很多全职太太得不到家人的认可。尤其婆媳之间，婆婆总觉得在家哄个孩子有什么了不起，老公总觉得无非就是看一下孩子，哪那么累呢？于是，当你抱怨时，家人感到不可思议，认为你这是无病呻吟。长此以往难免怨气缠身，从而越来越讨厌和家人沟通。婆媳关系、夫妻关系进而冷漠。

后评：少一些怨气，多一些沟通。

误区四：疑心

望着老公越来越忙碌的身影，随着夫妻生活越来越像蜻蜓点水。女人开始疑心男人是否在游离，担心后怕的感觉开始出现。恨不能跟踪男人而后快，仿佛想取证什么又仿佛没那个勇气。疑心会把女人逼到婚姻的死角，那种感觉既苦又寂寞。

后评：多一些自信，糊里糊涂才是和平相处的原则。

虽然，全职带给我们很多的好，可是，所有的事都有弊端，幸福的背后总是掩藏着苦涩。正所谓选择所选的，接受所接受的。既然选择全职，就要拥有一个好的心态。如果没有，还是回归社会的好！

婚姻中最重要的事是什么？

婚姻把两个人紧紧地拴在一起，可是，我们内心依旧不安，会不会哪一天各奔东西？也许，世事难料啊！正如不走到死，谁也不知道会走到哪一步？可是，为了当前的好，我们一直在努力，努力地过的更好！

有人说：婚姻中最重要的事是爱。可是岂知爱也会老去，望着那些曾经爱的死去活来的人，到了最后却如仇敌一般。在婚姻里大谈爱，是不是过于肤浅？为了爱着，我们发疯地去拴住对方的心，结果太窒息的爱，让我们死于呼吸衰竭。爱或许只是婚姻的一部分吧？当我们哭着喊着求着他留下的时候，当我们费尽心机去求证他到底爱不爱的时候，却发觉爱的太疲惫。

有人说：婚姻中最重要的事是责任。可是岂知正是这所谓的责任把我们压得喘不过气，我们或为了孩子维持，或为了所谓的承诺来维持，又怎能欺瞒住布满孔的心？责任压的我们忘记了婚姻的初衷，到底什么才是真正的婚姻？考虑太多的责任是不是太过于虚伪，毕竟我们瞒不过内心的鬼！

有的人说：婚姻中最重要的是孩子。于是，孩子成了婚姻唯一的维系。上班心里想的是孩子，回到家中照顾的是孩子，孩子成了婚姻中的唯一。我们变得不再沟通，沟通的话语除了孩子就是孩子，甚至我们开始排斥一切的婚姻不幸异说。却在内心里感觉是不是结婚就是为了生个孩子？

原来，不论爱，还是责任，甚至是孩子都不是婚姻中最重要的事！而糊里糊涂的态度才是婚姻中最致命的。见过很多白头到老的婚姻，还不是糊里糊涂地过了一辈子，如果真要拿出一件事来上纲上线的话，我想早就都劳燕分飞。就拿爱来说吧，如果都要求婚姻中爱的深刻，爱的激情，那么我想婚后五年我们都会分手，只因，爱太容易老，也老的太快，也太容易浸在日子里无影无踪。而责任更不用提，如果太看重责任，我想每一个人都会不堪负重，责任这个名词太重，它会把我们压死，我们终究不会为了一个人而付出所有，也不会为了一个人而舍了自己的命，终究我们不是圣人。孩子更不是婚姻中最重要的，别一想离婚就拿孩子说事，孩子只是上天赐予我们的礼物，而我们要做的只是尽力给他幸福，为什么要把他当做婚姻中最重要的？如果哪一天他长大了，难道就会去离婚？

婚姻中没有哪一个因素是最重要的，只要你懂得了糊里糊涂地态度，你才能悟出婚姻是靠彼此的宽容，彼此的糊里糊涂维系的！

当往日的情书被老公发现以后

昨晚正在电脑前写着文章，老公突然从那屋走到我的身边，傻傻地笑着！笑得我莫名其妙的，忙问：怎么了？他有点神秘的跟我说：以前上学的时候，谁叫伟伟啊？我纳闷：我怎么不记得这个名字呢？怎么突然问这个呢？老公笑：我找到了一些贺卡，上面有一个伟伟的签名，写着爱你，吻你！我狂晕：还有这样的事？拿来我看看！哈哈，一看果真如此，写得是挺肉麻的，只是自己再也不记得是谁！只记得那时非常流行贺卡和情书，每到过年的时候，我总会收到许多的贺卡，而每次都不是很仔细的看。这次，老公为女儿找东西的时候，无意在箱子里翻出许多的贺卡，里面竟然有好几张如此肉麻的贺卡，直看得我那个乐啊！竟然怀疑自己怎么一点记忆也没有了呢？只是发觉老公好像有点在意，真感觉挺可笑的！于是，没有理他，依旧敲打着键盘！

其实，男人很在意女人的过去，只是平时不说，在一点上男人似乎比女人还小心眼。而女人有时候就比较大大咧咧，我就从来没想到去探究老公的过去，觉得特没意思！过去的事有时候连自己也没有印象，重提只是会搜索记忆，对谁也是不好。

女人在面对失恋的时候，总是会销毁许多证明爱的东西。总记得《围城》里唐小芙把所有的东西都邮寄给方鸿渐的时候，感觉是那么的绝情。而只记得自己也有过这样的感受，当一份感情把自己彻底伤透的时候，自己再也不想看到关于一切爱的东西。只有彻底销毁才会解除自己的痛苦，望着那厚厚的一叠情书化为烟雾，自己也感到一种解脱，而留下来的只是没有记忆的东西。所以，有时候男人发现了一些无谓的东西也属于小题大做！这真有点可笑，自己在心底暗笑：这些可爱的男人啊！既小气又高傲。

怎样改变夫妻间的“相敬如宾”

今晚听到一个网友向我诉说她婚姻的苦闷：我为了他改变了许多，放弃了许多的爱好，远离了许多的朋友，为了他我的性格改变了许多，可是他还是对我不冷不热！我们之间总是客客气气，谁也不敢惹恼谁，我甚至不知道怎样对他撒娇，不知道怎样惹他怜爱。吾笑：那你就试着撒一次娇？她笑：嘿嘿，他会吓死的！吾晕：不试，怎么知道呢？她答：他的性格有点木，我们之间总是客客气气的，结婚 11 年了一直这样。我想改变，但是又不知道怎么去改变？我们不经常在一起，总觉得很冷淡～～～～

“举案齐眉，相敬如宾”是形容古时候夫妻的恩爱，那时候的社会很保守，在夫权主义的作用下，只要夫妻俩客客气气，就算是完美的一对了。可是，在现在的社会里，夫妻俩相敬如宾，就有点陌生的感觉。总是客客气气的，一如平淡的水，没有任何波澜，那样的日子该是怎样的沉闷啊！

婚后的女人大多都忘记了自己，迷失了自己。总觉得只要多付出点就可以得到应有的回报，岂不知越在乎他，他越不在乎你。你有时候的付出与你的回报不成正比。做女人首先要学会爱自己，才能去爱别人。只有懂得怎样去开心的女人，才有可能抓住男人的心。每个男人都是有点征服欲望的。你偶尔的倔强，也会引起他的关注。想让他对你在乎，首先得学会偶尔的忽略，不要事事都以他为中心，多留一点时间给自己，你会发觉他会慢慢地向你靠拢。再就是要学会适时的撒娇，不要以为男人们不喜欢撒娇的女人，每个男人骨子里还是喜欢一个偶尔把他当成依赖的女人。关键看你的娇应该怎么撒。撒娇因人而宜，有喜欢自己的妻子娇气气的；有喜欢自己的妻子含蓄的；有喜欢自己的妻子开放的；总之，千娇百媚，再沉默的男人在你柔情下也会拜下阵来。正如上面的网友，面对自己沉默的老公，首先就得打破沉默的气氛，偶尔朝他发发小脾气，也许会惹得他过来哄你，假设他还不哄，你就搂着他咬他一口。嘿嘿，不怕他不哄。

有些女人在这提出异议：怎么样他都是那个沉默的性格，真没办法！其实，不是每个男人都是那么沉默的，人基本上都有两重性格，在家他是沉默的，但是，出去他就不一定是沉默的样子。所以，有些女人就搞不懂为什么平时那么木讷的老公，竟然也会偷偷的给别的女人送花？这就是问题的根源，男人永远不会在乎轻易到手的东西，所以说，对付男人，首先得学会勾引，而且怎样去勾引，怎样让他去为你服务，这都是一门很深的学问。

一个懂得勾引男人的女人，才会把握住自己的幸福。总之，爱他，先学会爱自己，然后再去勾引他，你会发现他在你的感染下也是那么的可爱。

婚后怎样面对男人的谎言！

大概上帝造人的时候，就赋予了人说谎的本能，虽然亚当和夏娃偷吃禁果后，想通过谎言来掩饰，却最终逃不过一劫。至此，女人背负上了生育的责任，而男人却背负了养家的责任，也许，正因为有了责任才使人生变得如此多彩！

男人比女人更喜欢说谎，却没有女人善于掩饰，女人仿佛都是第六感的动物，无论你的谎言多么堂而皇之，女人总能感觉到一些事，进而产生不安全的感觉，从而怀疑一切。

那么，婚后怎样面对男人的谎言呢？

情景一：男人深夜晚归，身上明显带着酒气，却对女人说：我只喝了一点酒，女人埋怨地看了男人一眼：少喝点，对身体不好！男人笑了笑，女人把男人的衬衣脱下，却发觉衣领上隐隐有一个口红印，女人装作不经意地说：这件衣服明天洗洗，衣领脏了，男人心一紧，脑海里现出临别时她紧搂脖子的情景，随之一怔：几个哥们一起喝的酒，累死了，睡了！

对策：面对这样的谎言，当时一笑了之，等第二天清醒时，故意在他跟前洗衣服，然后说：这是什么东西？这么难洗，下次注意点！很多时候没有十足的把握，不要当面去揭穿男人的谎言，这不仅仅会让他狡辩，而且也会把自己置于尴尬之地。过后巧妙地处理，既提醒了他，又给自己一个了解事情的过程。

情景二：一次大扫除中，女人无意发现了男人的私房钱，欲大吵！男人尴尬地笑：这是单位的回款。却紧张得手心冒汗，女人笑：我以为是你存的私房钱呢？几天后，男人给女人买了一套衣服。

对策：面对男人藏私房钱的谎言，视情况而定，不要一棒子打死，因为毕竟每个人都有自己的小心眼，如果数目过大，就好好盘问一下。如果数目一般，还是装作不知道，没必要大惊小怪的。以免因小失大，导致更大的裂痕。

情景三：女人在厨房里做饭，饭好，等男人回家，时钟早已过了下班的时间。男人终于推门进屋，女人问之：怎么今天下班这么晚？男人说：加班！女人看了看有点疲惫的男人，坐下一起吃饭。第二日，女人碰巧遇到男人的同事，问之：这几天你们那很忙吗？同事答：还行，不忙！

对策：很多时候，男人不想解释自己的行为，所以用谎言来满足女人。这些谎言是不想让女人来唠叨或是担心，属于善意的谎言吧！而生活中也是如此，很多时候说谎比说真相更能和谐双方的关系，所以，这样的谎言没必要去刨根问底。

情景四：女人去婆家吃饭，公公拿出一瓶好酒对男人说：你给我买的这酒口感真不错！男人担心地用眼瞟了一下女人。女人这才知道男人经常往婆家买东西，而回家却缄口不言。这时女人才知道每月男人的零用钱为什么不够？却每次回家说请别人吃了饭，所以钱不够！

对策：是否检讨一下自己的失职，或是对婆家的关心不够呢！遇到这样的情况，真的需要与他沟通一下，只有双方的相互沟通和信任，才能处理好整个的家庭矛盾。

其实，婚后，男人喜欢用谎言来逃避很多的麻烦，这其中包括善意的谎言和恶意的谎言。无论哪种谎言，巧妙而合理地处理，才会使自己释然！谎言并不可怕，可怕的是一直活在谎言里！

婚后怎样应对男人的生理期

都说女人总有那么几天，全身累，脾气暴躁。可是，男人呢？突然，发现男人也有那么几天，变得冷漠无语，变得不可理喻！

这几天，小雨正在为老公的改变而苦恼。眼见着老公回家，沉默寡言的，难得说出一句话也是阴阳怪气的。小雨一直小心翼翼，唯恐说错了哪句话，从而引发战争。却发觉还是无济于事，终于，战争爆发。男人突然由冷漠变得不可理喻，平时那么在乎小雨的他，突然朝小雨大发脾气，惹得小雨大哭。小雨纳闷，那么稳稳的男人怎么会变得如同小孩子一般？难道这就是男人的生理周期？

其实，男人每个月也有那么几天怪怪的。如果说，女人是靠唠叨来发泄自己的情绪，男人却是靠冷漠来折磨你的神经。尤其是婚后的男人，再也不加掩饰。婚前，男人们或许靠抑制力来讨得你的欢心，而婚后，男人们却不想再伪装，任意地发泄着自己的情绪，这也是所有男人的通病。既然无法改变，女人们就得学会接受一切，毕竟，家是温暖的地方，如果总是靠伪装来包装自己，时间一久，岂不是太累！

男人的生理期没有女人那么明显，如果工作和爱情压力小，我们或许感觉不到男人的生理周期。可是，如果生活和工作压力过大，男人的生理周期就会表现的特明显。尤其是婚后的男人，家庭的压力，事业的压力，往往使他们表现的很严重。虽然，有的人在控制，可是，必定有控制不住的时候。当我们发现，男人突然变的沉默寡言，变的一回家就钻进自己的屋子，变的一点小事都会沉不住气，变的有点不可理喻。一般就是生理周期的症状，而这时，我们要做的就是让他安静地独处，安静可以使男人慢慢地释放情绪。很多时候，男人比女人更喜欢蜗居，我们常常会发现这样一种情况，男人比女人更留恋沙发和电视，当他沉浸在自己思考的时候，你的突然唠叨和打扰会使他突然失态。很多时候，不是男人想发脾气，而是被女人打断了他们的思维。如果，你发现了男人的这种症状，最好默默地放上一杯水，任由他在那沉默，过一段时间，再去给他一个拥抱，这样做的效果会好一些。如果，你硬生生地去打扰了他，比如：我们经常看到这样一种现象，女主人突然对着发呆的男人大吵，回家就知道板着脸，好像谁欠你似的。于是，战争由此引发。过后，都不知道因为什么而吵架，越吵越气，恨不能杀了对方而后快。岂不知，那是生理周期在作怪！

很多女人在这时提出异议，这样将就男人会不会把男人宠坏？但是，我们反过来想一想，很多时候我们的生理周期，情绪的波动是不由自己能控制的，如果，你硬生生地在他生理周期的时候想改变他，大概效果甚微，除了吵架估计没有什么别的后果。虽说现在男女平等了，很多家庭都是女人比较强势，但是，女人你要永远记住一个道理。女人之所以征服男人，靠的不是硬度，而是自身的柔软。以柔克刚是女人最佳的生存之道，一味的强势只会把我们至于不尴不尬之地。婚姻是靠两个人共同来维持的，如果你爱他，在他生理周期的时候，稍稍让一下他，又会失去什么呢？我想得到的只能是爱。

怎样面对婚后越来越沉默的老公？

“看我买的这件衣服好不好看？”女人问。“嗯，挺好看的。”

男人头也没抬，依旧看着他的书。女人郁闷！为什么他越来越沉默，越来越没话可说？婚前，她记得总是他哄着她说话，电话一打就是很久，那时，她常常觉得烦，反而话少。可是，不知道从什么时候开始，他反而变得沉默不语，不是点头，就是说嗯！哪怕多一句话也不舍得说。于是，她开始郁闷。总是无端的挑起话题，可是往往得不到应有的回应。伤心与寂寞时常徘徊在女人的心底，这到底是怎么了？难道说他真的不爱我了吗？终于，女人再也忍受不了这种冷漠，用各种竭斯底里的方式发泄着自己的愤怒，却发觉男人越来越远，女人累了，男人也累了。

热恋的时候，男人是最会甜言蜜语的动物，女人从此觉得自己是最幸福的人。于是，憧憬着以后的幸福，幻想着他一直能不厌其烦地哄着自己。可是，随着婚姻的开始，随着小宝宝的到来，女人却发觉原来男人是这么的吝啬，甚至再也不舍得说几句甜言蜜语。大概超前的付出，使男人透支了所有的能量。于是，女人伤心绝望，不再对爱充满幻想，而是随时向别人倾说着自己的苦恼，这到底是婚姻的错？还是男人原本就是这样？

婚后男人大多都是沉默，女人始终不明白到底是什么原因导致了男人的沉默？

生理原因导致男人沉默。经过了热恋与蜜月，男人逐渐变得冷静了起来，眼前的女人已经揭去了神秘的面纱，曾经的公主原来也可以落入凡尘。于是，沉埃落定，这时的男人不再浪费过多的语言，因为他觉得还是实际点好，甜言蜜语也只是爱情的前奏，既然已经修成正果，还有浪费语言的必要吗？男人原本就是一个不善言辞的动物，只是追求一个女人的时候，把自己的语言潜能超常发挥了出来，而当爱情已成定局，男人于是恢复了原本的面目。

情感疲劳导致男人沉默。随着婚姻的发展，随着女人不停地抱怨与哭闹，男人越来越沉默。甚至再也不愿走进家门，他怕听到女人的絮叨，他怕见到一个日渐憔悴的女人，男人真的很害怕。他怕女人这样问他：为什么不按时回家？那天你和谁走在一起？刚刚的电话是谁打的？你是不是不爱我了？你怎么这么没出息，我真是瞎了眼！你看你整日袜子乱扔！你的头发多久没剪了？男人的头越来越大，他就不明白为什么女人会有那么多的毛病可挑？为什么曾经的公主变得这么的世俗？

情感出轨导致男人沉默。世界简直太精彩了，尤其是现在这个的世界，一辈子不出几次轨真对不住自己的人生，时常听到男人这样说。各种诱惑使一部分男人沉醉，无论是精神出轨还是肉体出轨，都会使男人沉默。我们不再听到他甜言蜜语的声音，只看到他面对着电脑的痴迷和对别的女人的调情。爱真是越来越远，男人也越来越沉默。

工作压力导致男人沉默。婚后的大多数男人都把重点放在了事业上，每天的工作压力使男人疲于奔命，一回到家恨不能倒头就睡，哪还有闲情逸致去陪你聊天？就连床上运动都成了奢侈品，更不用说甜言蜜语了。我想这时的男人唯一的幸福就是多睡一会，哪怕一小会，而你也不要想尽办法去引起他的性致来了，这时恐怕就连性感内衣在他眼里也是模糊一片。事业型的男人又有几个不沉默呢？思考使他们沉默，要求完美和成功也使他们沉默，沉默有时候也成了成功男人的标志。

总之，男人原本就是一个不善言辞的动物，而面对一个沉默的男人对女人来说是一个最大的挑战。正所谓物极必反，当你越渴望甜言蜜语的时候，或许他就越沉默。过分的吵闹和无礼的抱怨都会使他越来越远，当你抱怨他越来越没话说的时候，其实也是沉埃落定的时候。当一份感情趋于稳定，男人大多沉默，这也没什么可怕的。只是爱以另一种方式呈现而已，你越在乎他，他越不配合你。这时，最好的办法就是拥有自己的空间和交际圈，转移对他的注意力，慢慢地你就会发觉他反而话也多了起来。再就是，挑他感兴趣的话题，或是能引起他疑问的话题，我就不信引不起他的好奇心？对于沉默的男人女人切忌猜忌和哭闹，除非他真的不爱你了，而大多数的时候，男人更喜欢穴居在自己的空间里，等他思考完了，自然会向你靠拢。很多时候，我们也不得不感叹男人，真是让人有点无奈、有点恨！

chapter 04

第四章　经营婚姻 幸福一生

如呵护爱情、经营事业一样，婚姻也需要经营。结婚不是终点，而是你们生活的起点。家是彼此的港湾，需要两个人用心与智慧来维护，才会避免在风浪来袭时的决堤。每一个婚姻都会有大大小小的问题，因此，不必害怕，学会去经营它，你的人生一定幸福快乐。

夫妻间应不应该有隐私权?

好友来玩，跟我诉说了一件她感到很可笑的事：一天晚上睡的不是很好，无意间听到老公悄悄的起床，以为他要去洗手间。可是，他却没有开灯，拿着电筒好像在寻找什么东西，我好奇地看着他，却发现他原来在寻找我的手机，终于他在桌子上找到了手机，这才明白他在查我的短信。真让人感到好笑，也感到郁闷~~~自己也特厌烦老公看自己的短信，这并不是心里有鬼的问题，只是觉得自己的隐私被无情的践踏，心里特别的别扭。

那么夫妻间应不应该拥有隐私权呢？有些人认为既然已经结婚了，就不要分出彼此，于是，任由自己无情的践踏对方的隐私权。比如：去翻对方的口袋；任由自己去看对方的手机短信；在对方同别人 QQ 聊天时，查看对方的聊天记录等等。曾有一个网友这么跟我说：我突然发现了老公的 QQ 密码，但是我在犹豫到底应不应该看一下他的聊天记录呢？我答：如果你的聊天记录被偷看，你什么感觉呢？

其实，每个人都是一个个体，虽说结合成夫妻，但是他不可能完全属于你。毕竟每个人都有自己独立的思想，而拥有一个自由的空间是每个人的梦想。虽说现在由一个人的世界变成了两个人的世界，但是这并不代表他就是完全属于你，给双方一定的空间才是最好的选择，而那些企图用自己的行为来控制对方思想的行为，只会给彼此造成伤害。爱需要亲密，但更需要尊重。

曾看过这样的一个故事，说的是一个中国的女子嫁到了国外，一天，她回到家中，老公递给她一个邮件，原来是婆婆寄给她的一个小礼品。她奇怪的问老公：婆婆寄来的东西为什么你不打开看？老公答：因为那是她寄给你的东西，收件人是你，我没有理由侵犯你的隐私。女子笑了。

其实，很多的东西被我们无形的忽略，总以为夫妻间不应该有什么隐私，总觉得相互间有了隐私就是有了隔膜，是对爱的赎渎！于是，不顾对方的感受，想拥有对方所有的一切，结果得不偿失。在这，我只想说：放弃你的好奇心，多给对方一点私人的空间，只有相互的尊重才能换来一颗爱的心。

房子对于婚姻的比重是多少?

你的爱与房子有关吗？当两个人决定组成一个家庭的时候，

房子成了必要的条件之一。因为只有真正拥有一个属于自己的房子，才能在心理上有一个真正意义的家。

今天听了一个朋友跟我讲述的一个关于房子的爱情，深有感触！故事的情节是这样的：

晓蔓拥有一个别墅级的大房子，拥有一辆小跑车。白天，是她最风光的时候。面对亲朋好友以及各种各样的人投过来的羡慕眼光，晓蔓自豪极了。因为拥有一个能创业的老公，晓蔓衣食无忧，整日过着悠闲散漫的日子。可是最不能让她面对的就是寂寞的夜晚，由于老公应酬较多，有时好几天才回家一次，而每次都是晚归早出，对她冷冷淡淡的，这个家对于他来说简直就是旅馆。白天风光无限的晓蔓一到夜晚面对空空的大房子，那种寂静总是让她感到寒心。可是一到白天，那种风光的虚荣又使她割舍不了这份爱情。

终于有一天，晓蔓彻底改变了她的想法。那天，她在路上碰到了一个好几年没见的同学，同学热情的邀请她去家里做客。刚迈进同学的家门，晓蔓就被屋里温馨的布置所吸引，这是个两室一厅的小屋子，可是被主人收拾得干干静静。室内的摆设简单而不奢华，坐在屋里，晓蔓被她老公的热情所感染。这是一个很普通的男人，但是举手投足间处处流露出对好友的爱，那种不经意的爱让晓蔓好生羡慕。回到家后，晓蔓终于明白了一个道理，原来幸福的多少与房子的大小是不成正比的！

其实，房子是家不可缺少的一部分，但不是最主要的，主要的是心中有爱，有爱一切都好！

偶刚刚结婚的时候，是租房子住的。那时整日的理想就是，拥有一个真正属于自己的房子。可是终于等到真正拥有了一个自己的房子后，又想拥有一个更大的房子，老公常常笑我不知足。是呀，真正拥有了一个大房子又能怎样呢？家无非是一个住的场所，只要温馨就好，而那些缺少爱空有虚表的大房子，又怎能算家呢？

婚姻中“性”和“爱”哪个更重要?

爱与性是相辅相成的，两者缺一不可。可是在婚姻生活中性和爱哪个更重要呢？前几天看到这样一篇博文：《男人是靠什么来征服妻子和情人的》深感可笑！作者的观点就是男人征服女人的首要条件就是用身体征服，用性征服。其实，大多数的时候女人都是为了爱才走进婚姻的，要是为了性而去结婚的话，那不是有点可笑吗？因为结婚只会束缚性，而不结婚做个单身岂不是更容易获得性吗？在现在的许多离婚案中，我想大多数的女人是因为感觉不到爱了而去离婚，这其中也不见得他们的丈夫是性无能者吧！

女人仿佛天生就是为爱而生的动物，为了爱可以迷失自己，可以包容一切。当一个女人爱一个男子爱到极致，就会寻求一份天长地久，就会心甘情愿的走进婚姻的殿堂，因为那里有女人自己编织的婚姻梦想，总幻想嫁的这个男人会一直不会使她寂寞。可是许多时候，女人一旦走进婚姻，就会马上走进厨房，走进了许多的家务中。而在这个时候，有些男人总觉得这些活就是女人应该做的，在家中总是趾高气昂的。难道光靠床上的那点功夫就可以让她的妻子死心塌地吗？试想，时间久了再温顺的女人也会心生怨恨，从而影响到爱他的心情，从而影响到性的质量。

再如，嫁给一个整日游手好闲的男人，每天靠妻子来独自支撑着这个家。试想一下，每天在经济重压下的妻子，拿什么去爱她的丈夫呢？难道仅凭着床上功夫，就会使你的妻子死心塌地吗？

其实，男人更多的时候是靠爱来征服女人的。分担一下家务，给她一个可靠的经济基础，平等的尊重与体贴会使你的妻子更爱你，即使你的性不那么完美，但是还是有许多的女人为了爱而去包容这一切的。

在此，我要告诉男人的是：我们需要的是你的爱，而不单单是你的性！

婚姻中做弱势女人就会幸福吗?

现在，满世界都在流行着做优雅女人，满杂志都在教导女人怎么去讨好男人！也许，这个世界真是疯了，随着经济条件的提高，随着男女地位的平等，却发现了一个问题。大多数的家庭并没有实现男女平等，女人依旧承担着大部分的责任和义务。虽然，表面上看似平等了，虽然男女平等后，男人的自杀率比女人高了，可是，女人依旧处在弱势，一个不可扭转的弱势。

几千年的传统教导女人要相夫教子，于是，大多数的女人在家是贤妻良母，在外依旧拼搏事业，不经意间却被男人抛弃，也不知道是这个社会的风气，还是三妻六妾原本就是男人的理想？于是，女人在质疑：做贤妻良母到底真是错了吗？为什么那么温柔的对他，他还是逃离了婚姻？

这不，最近朋友也正在为自己的婚姻所苦恼。老公领着一个女人离家出走了，一纸离婚诉状递到法院，大有恶人先告状之势。朋友愕然：也不知道是这个世界疯了，还是我疯了？ 10 多年的相夫教子就是这样的一个结局。望着朋友那憔悴的脸，我不知该说什么好！只是笑了笑：马上去换一个发型，染一下头发，多买几件好看的衣服。然后吃好、喝好，高高兴兴地去上班！偏偏气死那个男人！朋友苦笑：都这个年纪了，还打扮什么？也许，过段时间他会回心转意的！我皱了一下眉头：你就是太不爱自己了，老是替他着想，以至于，他跑的那一天还感觉心安理得呢！其实，坏男人就是叫你们这些女人惯出来的！惯来惯去弄丢了自己，却惯坏了这些男人的良心。朋友看着我那气愤的脸，叹了一口气！有时候想想也挺可笑的，正所谓教的曲唱不得，命运还是掌握在自己的手里。

其实，无论从力量上还是精神抗压来说，女人都是处在弱势。谁让上帝造人的时候，从亚当身上抽下了一根肋骨呢？以至于，女人天生就比男人柔弱，也正因为这种阴柔才吸引了阳刚的男人。可是，一味的做弱势女人，会不会迷失了自我呢？温柔并不是缺点，但是，如果变成了纵容就不能不让人大跌眼镜了。正因为，很多女人一直误解了温柔的道理，不停地去示弱，结果，最后弄得自己很狼狈！纵容也许是最大的错，比如：一次家庭暴力后，女人选择了纵容男人，那么，下一次还会爆发更严重的家庭暴力。又比如：发现了男人的一次出轨，却依旧纵容他去第二次的出轨，那么，他的心将会越来越远。很多时候，温柔也是讲策略的，而作为女人来说，该温柔的时候就温柔，该泼妇的时候就应该泼妇。俗话说：缠人的孩子有糖吃！一味的软弱只会把自己置于绝境！

在婚姻中女人不仅仅要学会示弱，更要学会怎么让男人去尊重你，而夫妻间只有建立在相互平等、相互尊重的基础上，才能有和谐的婚姻。婚姻并不是枷锁，而是相互成长的过程，示弱并不可怕，可怕的是纵容！

婚姻中遭遇抠门男该咋办?

吃过晚饭，拗不过女儿，一家三口去超市血拼。一转眼，到了超市。老公负责推车子，我和女儿负责购物，这也要买、那也要买！我的天那，金融危机下岂容如此奢侈？可是，依旧忍不住购物欲望，不一会功夫，车子里已经装了好多东西。老公看着我和女儿笑：别把超市都搬回家。

走到厨具用品前，记得家里好像是没有了手套，于是，凑上前去看。这时，走过一对小两口。男人拿起一个清洁球，跟女人说：这个太大，我们回家剪开用。这个洗碗巾回家我们也得剪开。听完我转过身去对老公笑，老公边走边对我说：你瞧，还有比我小气的男人，连个清洁球都得剪开用，多会过日子啊！我偷笑：哈哈！真是够郁闷的，竟然还能遇到这样的男人。

过日子，原本女人比男人厉害。可是，随着社会的改变，越来越多的男人比女人更会过日子。看着那些男人为了柴米油盐而斤斤计较，恨不能一分钱掰成两半花。始终不敢想象如果自己遇到这样一个男人，会不会郁闷死呢？店里经常遇到斤斤计较的男人，不是嫌老婆买的衣服太贵，就是嫌老婆经常买衣服，他的口头语就是：不好看，等过几天再买。于是，拉着女人疯狂地逃掉，唯恐老婆再留恋一步。

婚姻中如果遭遇太抠门的男人，那真是一件让人郁闷的事！郁闷归郁闷，日子还得照常过，只是上有政策、下有对策。该怎样对付抠门男呢？

妙招一：攻其不备、出其不意。

和抠门男逛街，首先要挑战他的耐性，看好的东西不要急于买，要左右的逛。原本想买一件衣服，偏偏去逛车啊、化妆品啊、珠宝首饰啊！那些令人眼花缭乱的价位非得逛晕了他的眼，到了末了，抠门男在心里一对比，还是那件衣服比较省钱。于是，在逛的眼花缭乱的时候，不费功夫就拿下那件衣服，等他回味过来已是晚矣！

妙招二：挑战他的虚荣心，攻其弱点！

男人都有一个面子，面子甚至比任何东西都重要。和他结伴出席聚会是挑战他面子的最佳时刻，出席聚会前，不要穿的太华丽，让别的女人尽情地去招摇吧。回家后，是最佳战机，这时，你可以装作很可怜的样子对老公说：你看看那些女人都穿的花枝招展的，唯独我？我真怕你的同事说我呢！这时，男人的虚荣心被挑起，非得让你也穿上名牌不可，那么要买的东西就会达到目的。

妙招三：以毒攻毒

既然他那么抠门，使尽全身解数也无法改变，那只好比他还要抠门，比他还会节省。这一下，不省则已，省就省到极致。我就不信他不熊?

总之，经济决定地位。遇到抠门男没有别的办法，还是自己好好赚钱吧！毕竟花自己的钱底气足，也不用天天为了给他省几个钱而亏待了自己。男人毕竟是个粗枝大叶的动物，如果太过于小气，不要也罢！

婚姻中哪几种吵架最伤人?

争吵是一种情绪释放方式，只要有交际就会有吵闹，更不用说夫妻了！古语说：夫妻本是冤家，不是冤家不聚头！再恩爱的夫妻也有拌嘴的时候，除非你们成了仙。要不吵闹总是伴随着整个婚姻生活，既令人烦闷、又令人苦恼！俗话说的好：打是亲、骂是爱，不吵不闹，不热闹！可是，凡事总得有个度，很时候失去了原则的吵闹总会伤了我们那颗脆弱的心，甚至对婚姻产生怀疑和抵触！

一、暴力吵闹

暴力通常分为两种，一种是硬暴力：这种暴力行为是用打骂和虐待来实施。施暴一方往往是男性，当吵闹开始，当他第一次对你动手，我想每个女人的内心都会崩溃。动手是吵架行为中最不理智的方式，它会伤透另一方的心。无论，你以后用什么样的方式来弥补，还是时不时让对方心里不舒服，而且暴力也容易成为了一种惯性，纵容和软弱会使它持续进行。另一种是软暴力：这种暴力表现为冷漠和忽略。对方用冷漠忽略来折磨你的神经，令你琢磨不透，长此以往，很容易伤透一个人的心。

二、揭短吵闹

俗话说：打人不打脸，揭人不揭短！这种吵闹方式以相互揭短为主，很多的陈年旧事和伤疤在吵闹之下瞬间被对方揭出，那好比是撕毁了你最后的尊严。最可怕的是，不仅仅在两个人之间揭短，还会面对着那么多的人，说出对方的短处和伤疤。这就好比扇了别人的脸，毫无面子可言，怎么能不伤透对方的心呢？

三、扯进双方家庭吵闹

当两个人的吵闹演变成双方家庭的吵闹，那么这场闹剧终归无法收场。很多女人就会犯这样的毛病，只要两口子一打架，就跑回娘家委屈诉苦，弄得父母跟着担心，进而演变成家庭之间的吵闹。曾见过朋友的妻子在家与朋友吵闹后，立马回娘家搬救兵，于是，妻弟和老爸也参与这场战争，我就不知道，望着自己的弟弟打自己的老公，她心里是什么滋味？这种吵闹方式势必伤了对方的心，也造成婚姻无法挽回的裂痕。总归有一天裂痕破裂，两人关系彻底结束。

四、用离婚做幌子吵闹

其实，整天吵着要离婚的女人最不想离婚，离婚只不过是她的一种威胁方式和心理发泄手段。只要两口子一吵架，离婚就变成了口头禅，不是写离婚协议，就是发疯地拉着对方去民政局，这种吵闹方式其实最伤对方的心。当离婚变成了口头语，当离婚变成了威胁对方的一种方式，这样的婚姻整天充满着不安全的因素，注定有一天会玩完。

五、恶语相向吵闹

这种吵闹以恶语攻击对方，比如：你怎么不去死！滚出这个家，再也不要回来！这样的话其实最伤人，最可气的就是直接把对方关在门外，然后叫他去死！虽然吵架时口不择言，但是太过分地发泄自己的情绪，用最恶毒的话来攻击对方，势必在对方心理造成阴影，从而伤透了心！

总之，夫妻吵架不可避免，但是，吵归吵、闹归闹，不要用太恶毒的方式来伤透对方的心，除非再也不想过日子。

婚姻中最大的悲哀是什么?

如果责任是为了爱而生，那么就变得非常的从容，我们也不会听到太多的抱怨。可是，当责任变成一种枷锁，这不能不说是一种悲哀。

J 最终摆脱了缠绕快 20 年的婚姻，在这十几年里，J 为了所谓的责任一直套在婚姻的枷锁里。其实，说白了是责任，说的严重点就是一种胆小。最终，J 再也忍受不了老公的冷漠和五年的无性婚姻，弃女儿而去。当离开的刹那间，J 感到前所未有的轻松，原来，有时候责任也是一种枷锁，锁住幸福的锁。

婚姻赋予我们很多的责任，也赋予我们很多的快乐和困惑。当我们由浪漫最终走到柴米油盐，当我们由近距离变成了零距离，当对方所有的缺点都暴露在你的面前。我们不仅仅为婚姻感叹：到底是什么束缚了我们的快乐和浪漫？是婚姻吗？当孩子无助地盯着我们，当老人用殷切的希望盯着我们，当对方用挽留的眼神盯着我们。责任突然变得很伟大，我们也突然变得很伟大。坚守婚姻，为了孩子、为了老人。责任成了高尚的借口，随之取代的是逝去的青春。

就拿 J 的婚姻说吧，结婚十几年，老公出轨将近 10 年。每一次J都用一种宽容等待男人的回归，责任成了J最大的精神支柱。两个人渐渐的由冷漠走到陌生，J在心底说：我还是爱他的，我就要学会忍受。十几年里，J和一个女人共同分享一个男人，只是，这个男人给J太少的回报，时刻令J恐慌不已。于是，J开始闹，为了这个男人自杀过2次，每次都是无果。男人依旧我行我素，他拿准了J的性格，相信这个女子是不会跟自己离婚的。J终于再也忍受不了这种冷漠，遂提出离婚。结果，男人大惊，赶紧用祈求和甜言蜜语挽留J，J又一次心软，以为男人这次真会回家。结果，没过多久，男人依旧回到了那个女人身边。J再一次失望，最终起诉离开男人。责任轰然倒塌，J也感到从所未有的轻松！十几年来，J一直以责任为借口欺骗着自己的内心。女儿仿佛成了最大的障碍，每一次看着孩子哭泣的脸，J在心底说：我要坚持，为了女儿有一个完整的家。岂不知，婚姻长时间的不和谐早已使孩子丧失了安全感，每日的惶恐使孩子时刻处在危机中。与其这样折磨孩子，还不如重新让孩子找到一个完整的家。责任并不一定给别人带来幸福，相反很多时候会成为一种枷锁。尤其是没有爱的婚姻里，为了孩子勉强的维持，到了最后伤害的不仅仅是自己，也包括你最爱的孩子。

其实，婚姻中最大的悲哀就是没有爱，仅仅靠所谓的责任来维持。这种不含爱的责任是一种虚伪，也是内心胆怯的一种表现。

我们往往看到那些拿孩子做借口来维持的婚姻，到了最后，还是走到末路。假设不走到末路，孩子的心灵早已受到了致命的伤害，从此不再相信爱，不再有安全感。所以，如果婚姻走到尽头，那么还是不要找什么责任的借口，赶紧解脱吧！

婚姻之痒，痒在心理还是痒在生理？

当激情的日子慢慢走到平淡，当相互爱着的两个人相互间有了抱怨，于是婚姻出现了前所未有的痒，这种痒不仅痒在生理更多的痒在了心理。只听到许多的人这样抱怨："早知道如此就不结婚了"、"看到他就感到烦"、"每天有干不完的家务，每天有想不完的计划，真是烦透了"、"真想彻底的自由一下，放纵一下"……

各种各样的理由出现在人们的脑海里，于是婚姻中的许多"七年之痒"变成了现在的"三年之痒"、"五年之痒"等等。人们好像把痒也当成了一种时尚，好像是你不痒就对不起婚姻的一般规律，于是，引得许多人无病呻吟。明明自己的婚姻没出现什么问题，也大声喊痒，这其实才是痒的真正原因。因为不是婚姻痒了，而是你没事找事痒了起来。

最近听到许多的网友这样跟我说："我总觉得他不是很爱我，

总觉得他对同事比对我还好”、“他好像越来越不在乎我，总觉得他对我失去了兴趣”……其实，很多时候都是自己的心理在做崇，明明什么事也没有，但是总是无缘无故的猜测。

婚姻到了一定的阶段，不可能如热恋一样，不停地粘在一起。生活条件在慢慢的提高了，而你的精神状态却在降低了。这主要表现在你的不自信，看着对方在一天天的优秀起来，而你还在原地踏步，所以内心产生了一种自卑的暗示，以至于无故猜测。总是怀疑对方不怎么爱自己了，总是怀疑他有了外遇。于是，自己按照书本上的理论，猜疑自己的婚姻痒了。这很无奈，也很可笑。

对于婚姻的痒，我们要端正自己的态度。婚姻之痒不仅表现在生理上，也表现在心理上。切忌无故猜测，这并不是他的婚姻痒了，你的婚姻也会痒。因为每个人的婚姻不同，各家过各家的日子，每个人有每个人不同的生活方式。所以，不可能每个婚姻都痒或是不可能每个婚姻都不幸福。

幸福更多的时候是一种感受，需要你用心去体会，而不是特意照别人的婚姻刻板去做，这才是最主要的。

总之，婚姻之痒不管痒在心理还是痒在生理，哪痒你去挠哪，不要盲从，不要听风就是雨，糊糊涂涂的过日子会更快乐！

婚姻遭遇性冷淡，该弃之还是该坚守？

社会在进步，性不再被人们羞于启齿，相反现在的很多婚姻就是因为夫妻生活的不和谐而导致破裂。曾有网友这样问我：性和爱到底哪个更重要？为什么结婚以后我却感觉不到爱了呢？而且越来越冷，甚至发展为有点性冷淡的倾向，而老公却是兴致盎然。所以，我只好敷衍他，但是，却发觉老公对我也是越来越远。终于，有一天我发现他在自慰。这让我很震惊，老公也很尴尬。过了不久，老公向我提出离婚的请求。我有点晕了，不知道是彻底结束，还是坚守？我问：那你还爱着他吗？她答：对他还是有感情的，只是婚后的忙碌和工作压力使我越来越冷淡。我答：既然选择了婚姻，就不要轻言放弃，试着和老公沟通一下，婚姻里最可怕的不是缺少了性，而是缺少了爱的存在。性很大程度上依恋在爱的基础上，除非是真正无法挽回的病变。而你们之间主要的矛盾就是缺少沟通，比如：当他特想的时候，你粗暴的拒绝，会让他感觉是你不再需要他了。委婉的说出你心中的想法，让他理解你的身体状况。而你也应该多放松一下自己，多吃点能提高性欲的食品，爱一个人不是自私的，给予你的一切，让他知道你的想法。粗暴的拒绝会伤害一个男人的自尊。而男人毕竟是男人，是要给他们留点面子的，多看一些关于性技巧的书，多和你的男人做一下沟通。我相信你们的问题会得到缓解。而如果有开始，就会有继续，打开你的身体，也打开对方的心灵，这样的婚姻才是完美的。

性冷淡和ED一样被人们提到桌面上，但是，女人的性冷淡不同于男人的ED，女人的性冷淡大多因为生活中压力太大、缺少老公的疼爱，再就是家务繁琐，以至于变得积怨。试想一下，每天累得要死，性必定要打折扣。所以，如果婚姻里出现性冷淡，男人也有着不可推卸的责任。女人基本上都是因爱而性，当一个女人感觉爱少了的时候，必定会影响到性的情绪，从而出现假性的性冷淡。这就需要两个人的沟通，多给妻子营造一下浪漫的氛围，多替妻子分担一下家务，而不是粗暴地进行性生活，那样不冷淡也得冷淡。但是，对于妻子来说也是一样，多体谅一下丈夫的心情，别动不动就对他进行性惩罚，久而久之，当你热情的时候，却发觉他冷淡了。婚姻是需要营造爱的气氛的，曾看过这样的一篇文章，《幸福的婚姻就是两个人在一起睡觉》。其实说的也挺对的，身体的交流有时候比语言的交流效果要好，爱一个人就得幸福搂着他睡觉，能容忍一个人的睡眠姿势和睡眠恶习的人，才会真正在一起幸福地呼吸。

当婚姻陷入四面楚歌该怎么办?

有时候感觉自己是个挺可笑的家伙，就拿算命这事来说吧！总有一个冲动忍不住去算一挂！好久没去算，今年本命年，怕事多！昨天拜访了一位算命先生，先生沉坐问我生辰八字，一一报过。于是，算来算去。说：婚姻不是很好，是不是夫妻间经常拌嘴？我笑，默认！

今天，同学酒局说起此事，我笑：你说人到中年，哪一个敢说不吵不闹？这个命算的有点莫名其妙，明明知道无济于事，还是会去算一挂，然后自我解嘲！同学笑：是啊，都什么年纪了，哪有那么多的风花雪月？谁能天天雾里云里的，吵闹很正常，只是不要四面楚歌就好！不过，就是到了四面楚歌也得往前走，难不成还得自杀？那是最窝囊的活法！我鼓掌！

20 多年过去了，同学们早就嫁做人妇。其中发达的少，平淡的多；幸福的少，烦恼的多。想想这大概就是人生吧？人到中年哪能一点事没有，或为了钱、或为名、或为情，哪一样的压力都会让人云里雾里的。远远比不得和女儿在一起偷菜的那种快乐和纯净。所以啊，人最快乐的时光就是童年吧？无忧无虑的！

酒没多喝，却有点晕。眼前的一个同学离了 5 年了，淡淡地对我说：表面看上去都挺好，和他离了5年了，虽然现在还是经常来往，却没有了复婚的勇气。我：还没复婚？看你俩根本不像离婚的样子。同学：离婚容易，复婚难！心里总有一个结，也有许多的不舍，他也是这样，所以，就这么耗着。这5年是不停地找男人，却没一个可心的，也早就没有了风花雪月的兴致，挑来挑去或许都是不舍吧？我笑：你这是情感的四面楚歌，还是放弃战场，投降吧。同学笑。

四面楚歌多么忧伤的词啊，仿佛霸王别姬在眼前依依呀呀地唱，给人的感觉总是那么忧伤。想一想四面都是敌人，那种孤独感该是多么的可怕？可是，偏偏很多时候婚姻中就逃不出四面楚歌，情感危机、金钱危机、婆媳危机，各种危机接踵而来，四面楚歌逼得婚内的人无处可逃。

婚姻就是一个大染缸，把情感、金钱、孩子、婆媳各种复杂的关系都搅在一起。试想一下：时间太久，哪有那么纯纯的爱情？还不是亲情、爱情、金钱混杂在一起，然后调和了起来。如果扔进一块染布，我想肯定是五颜六色的，你非要从其中辨出个是非，或是辨出个道理。那么，不四面楚歌才怪呢？日子原本就是糊里糊涂，说不清道不明，看的太清，完美不在，又何谈幸福呢？所以说，很多时候四面楚歌是自己造就的结果。曾看过一篇文字叫《做一个BIY女人》意思就是做一个自己赚钱给自己花的女人，文字阐述了一个自己满足自己快乐的道理。而婚姻又岂不是如此，如果我们把一切看的淡一些，相互计较的少一些，自己给自己的快乐多一些。又何必在意别人给你的多少呢？这样会不会从中突围呢？很多时候投降以后才会更轻松一些。

最伤夫妻感情的四句话

我不知道夫妻感情是怎么变淡的，我只知道当两个人失去了上床的兴趣，爱情基本就玩完了。曾见过一个文字这样写道：我是爱他的，因为我有欲望！当然婚姻不仅仅是爱情，还有亲情，所以，很多时候没有爱的两个男女也不至于散伙，或是凑合前行、或是同床异梦。那么，究竟是什么引起的冷漠？其实，各种行为和语言在无形中伤害着你的婚姻，以至于到了最后面目全非了。

一、离婚吧，够了！

当两个人又一次为了琐事争吵，对方或是你突然脱出口：离婚吧，够了！那一刻，我想这句话的力度就像一颗重型导弹那么严重，许多男人或是女人就因为对方说出了离婚，而真的去离了。离婚是夫妻吵架的大忌，除非是你真的想离婚。可是，偏偏很多时候并不想离，而是以离婚来要挟对方，这种话尤其出自女人之口，长此以往，每次吵架都要离婚的女人，到了最后是真的离了。所以说，离婚不要轻易说出口，很多时候是会当真和执行的。

二、你给我滚，这家全是我挣的！

夫妻间最忌赤裸裸地谈钱，尤其在争吵的时候，强势的一方怒吼：你给我滚，这家全是我挣的！我想任何有尊严的人都会崩溃，都会发疯。大多数的表现就是怒吼，砸了东西离开家门。这句话真是伤透了心，钱会命中心底那颗最脆弱的神经。物质看似无形，却成了横隔两人之间的一堵墙，就是和好后，也会失去了安全感，各怀鬼胎而已。

三、没出息的东西，是个人就比你强！

面子是男人的一张皮，当女人喊出：没出息的东西，是个人就比强！男人大多都会暴跳如雷，当然也有窝囊废，就是没出息，那就另论了。这句话会伤了男人的自尊和面子，尤其在外人面前喊，很多男人会受不了鄙视，从而逃离或是动手打人。

四、我从没爱过你

虽然很多婚姻不是以爱为基础，可是，也不要喊出：我从没爱过你！无论曾经爱过还是没有爱过，这句话会直击对方的内心。对方开始在思考：没有爱过，这段婚姻维持的价值在哪？当婚姻既看不见爱又看不见钱，我想大多会玩完。虽然，很多时候你是口是心非地说，但是不要去说，对方会当真。尤其在平淡的婚姻里，更容易让人颓废，那还是保持着一份爱的想象好，除非你真正想离婚，不想离，就别去刺激！

我想以上四句话你如果经常说的话，那么，你的婚姻离毁灭不远了！人是语言动物，或是靠语言去交流、或是靠语言来沟通、又或是靠语言来伤害。而我要说的是，如果还有爱，就不要轻易用语言去伤害对方，面对破裂的结局又何必呢？

导致婚姻破裂的六大诱因

婚姻是条船，行驶在大海中难免会遇到风浪，大海的变幻莫测往往使我们措手不及。但是，并不是所有的船都是那么不幸，大多数的船还是安全到达幸福的彼岸。婚内的人感慨着婚姻，婚外的人向往着婚姻，人们往往在得失之间来回的犹豫。其实，很多时候婚姻的破裂是有前兆的，正所谓有因必有果，有得必有失！那么导致婚姻破裂的诱因到底是什么？

一、把婚姻当成了一个任务

爱情是婚姻的基础，但是很多时候我们却把婚姻当成了一个任务。男大当婚、女人当嫁！于是，到了合适的年龄，男人想娶个漂亮的妻子，女人想嫁个可靠的丈夫。随着年纪的增长，随着阅历的丰富，有些人再也没有耐心等待爱情或是觉得爱情根本就是无所谓的东西，和过日子扯不上任何关系。终于有一部分男女选择了外在的条件，女人选择了男人的实力，男人选择了女人的外表。而爱情被抛到可有可无的地步，匆匆走进婚姻的人们，又发觉了爱情的重要性。于是，对婚姻产生质疑！试想一下：没有爱情做基础的婚姻，怎么会牢靠？

二、双方家庭间的相互矛盾

婚姻很多时候不是两个人之间的事，这其中包括着相互的亲情，相互家庭之间的联系。偏偏有时候，婆媳矛盾是最难解决的问题。许多的婚姻就是因为双方家庭矛盾的扩大而导致破裂，而婆媳矛盾仿佛成了一个大问题，往往波及到夫妻双方的关系。每每因为家庭的琐事，或是给对方父母钱的多少也会导致夫妻双方关系的冷漠。

三、婚外情感的诱惑

随着社会的发展，随着人们情感模式的多元化，很多人都对感情产生了质疑。婚内的寂寞，婚外的诱惑都会成为婚姻破裂的主要诱因。钱有了，爱仿佛没有了。于是，婚内的人企图去婚外寻找一定的激情。偏偏这个世界又是这么疯狂，小女孩们渴望着一种丰实的爱，而男人们又想重新找回失去的青春。于是，我们往往看到这样一种现象，小三们随地可见，70年的男人仿佛成了

80 后女孩的主要诱惑。这种美其名曰的爱情，往往都是以落寞谢幕！游走于婚外的男男女女，时常的患得患失，使婚姻最终走向破裂的边缘。

四、把婚姻当成一个救命草

很多时候我们不是因为太远而导致婚姻破裂，更多的时候，太紧密的爱会导致双方的相互窒息。这样的人把婚姻当成了一个救命草，把婚姻当成了一切，一有点风吹草动都会诚惶诚恐。对方的一切成了她的命，在她的思想里绝不允许任何的一点游离。于是，怀疑、猜测成了生活的主色调！太过紧密的爱令对方透不过气来，每天像防贼一样看着对方，把婚姻彻底变成一个牢笼，对方怎么会不逃脱?

五、婚姻的绝对 AA 制

也许是社会的进步，在这个崇尚金钱的社会里，人们对钱的崇拜越来越高，有钱仿佛就代表着一切。可是，如果你把你的经济观念强加给你的婚姻生活，那么你离着边缘婚姻也就差一步而已。在这样的婚姻里，男女之间相互的斤斤计较，把钱分得特清楚，长此以往，不但钱被算计得一清二楚，连感情也会淡漠在金钱里。

六、夫妻双方地位的悬殊

婚姻中双方的地位应该是平等的，但是有一些家庭，双方的地位悬殊导致婚姻走到边缘。我们常常看到这样一种现象：在男人太强势的婚姻里，女人不仅遭受精神上的摧残，也遭受肉体上的折磨，这样的男人在家里占有绝对的地位，稍有不如意就对女人非打即骂，他就是皇帝，对他来讲只有绝对的服从。而在女人太强势的婚姻里，男人同样也遭受着那样的折磨，不过，女人对男人的折磨更多体现在语言上，抱怨和训斥使男人整日生活在没有面子的日子里，想一下这样的婚姻还能维持多久？任何的地位太悬殊，都会导致婚姻的最终破裂。

怎样面对婚姻中的经济歧视

她回到家中，他依旧倒在沙发上看电视。她愤愤然：为什么不做饭呢？他答：饭不是一直你做吗？怎么了？她郁闷：那你就不能动动手啊，我这几天好累啊！他怒：怎么了！我每个月挣的钱比你多好多，为什么要我去做饭给你吃呢？

按经济学的观点来说：经济决定地位！可是，如果把经济学的观点硬生生的搬到婚姻里来，就有点失去了原有的人情味。很多时候，如果两个人的收入都差不多，还不至于引起特别大的悬殊，但是就怕是经济相差太大，那就注定一个人的地位比另一个人要低下!

大多数的男人总希望自己挣好多的钱，不希望自己的女人超过自己很多。既需要女人有一定的经济能力，又不想太超过自己，以此满足自己的心理优越感。正如上述的那个例子，是一些家庭普遍存在的一个现象，经济地位的相差，使得经济好的那方趾高气昂，竟而产成了一种歧视的心理状态。这种状态不仅表现在家务分工的不平等，也表现在精神方面的不平等，就因为他挣的钱比她多，所以底气特别的足，以致使另一方感到一种压抑!

那么怎样面对婚姻中的经济歧视呢?

一要：在闲暇之余努力给自己多充充电，使自己有一面他不能企及的地方，使他怀着崇拜的目光面对你的另一面，这样才会让他处在平等的地位上爱着你，而不是去轻视你的存在。

二要：学会一定的勾引，因为婚姻中光有宽容是不够的，更多的时候我们要学会怎么去勾引你的另一半，会撒娇的女人知道怎么样让自己的男人为自己服务，适当的撒娇和勾引，让他不知不觉中为你分担一部分家务，让他觉得你们是平等的。这样的女人才能永远处在不败之地。

三要：学会自己的经济独立，因为只有经济独立的女人对于男人这样的歧视是不屑的，要让他知道这样的一个道理：一个男人挣的钱多一点也没什么了不起，没有你的默默服务，他的事业也不会很成功，所以，他的成功也有你的一半！指出问题的本质，他会收敛很多。

总之，婚姻需要两个人的共同经营，平等的爱才会更长久。不管你的事业有多么的发达，都不要高高在上，而去歧视着对方。因为，毕竟没有一个人的默默付出，你也不会有太出色的成绩。婚姻中爱是平等的，双方都应该处在一个平等的地位上，一方进步了，另一方也要学会追赶，这样才会共同进步，婚姻也不会失去原有的魅力。

怎样挤压婚姻中出现的泡沫?

“你怎么变得这么邋遢，婚前你可不是这个样子！你还不是一样，婚前你也没这么泼辣？你的温柔上哪去了？”、“你怎么这么懒？以前的你可不是这样，到了我家恨不能干完一年的活，当时把我爸妈乐的，还以为我今生嫁了一个特勤快的人那！”

股市因为人为的炒作出现了泡沫，而婚姻有时候也因为人为的因素出现了许多无法预料的泡沫！处在爱情里的两个人，那时候恨不能把自己的优点全部甚至夸大的展示给对方看，从而学会了掩饰自己的缺点。随着走进婚姻的殿堂，许多的人都失去了掩盖的惰性，反正认为已经签下了一个合同，怎么样都无所谓了。所以，自己的缺点任它暴露无遗，甚至于还故意使它蔓延。男人们变得不再那么甜言蜜语，不再那么整整齐齐。回到家总是看到随处乱扔的衣服和鞋袜。而女人们变得不再那么会撒娇，不再那么优雅，总觉得婚前和婚后她的形象有天壤之别。呵呵，这有时候就是婚姻的无奈，婚姻的到来，使两个人都被打回了原型，进而使对方感到一种欺骗。

大多数的时候，我们总以为婚姻的平淡是时间造成的结果。殊不知有时候恰恰是自己的原因才使婚姻走到了一定的疲劳期。婚前，为了使对方更爱自己，自己往往想出各种方法来提高自己的魅力。而婚后却使自己养成了一种惰性，不再提高自己的魅力，觉得反正已经结婚了，再那样做显得有点浪费时间，有这个时间不如躺一会更舒服些。所以，有些女人结了婚以后，在家很快就变成了一个黄脸婆，在老公面前失去了装扮自己的乐趣，只有出门才能使自己漂亮一些。所以，结了婚的男人总是看着别人的老婆好。

男人们也总以为已经娶到了你，也不再想浪费太多的甜言蜜语来惹你的欢心，更多的时候，他还是沉浸在自己的事业中而忽视了你的存在。介于双方的各种惰性，使婚姻年复一年、日复一日的出现了疲劳感。

那么，面对婚姻中出现的泡沫，我们是视而不见呢？还是采取合理的措施加以解决呢？其实，本人认为如果不采取合理的措施加以解决，势必有一天会像股市一样引起婚姻的大跳水，那时候再解决，就怕悔之晚矣！所以，面对婚姻中出现的泡沫，我们要采取积极的态度，及时调整自己的心态，拿出恋爱中的一半策略，我想会很快改善那种被动的局面。婚姻需要宽容，但是更需要你的经营。不要以为结了婚就是端了铁饭碗，从此，保险一生。因为，婚姻有时候也是一种投资，需要你按时加点爱，加点激情，那样的话它才会长久。

不要让男人来管理你的钱包

在这个男权社会里，女权是被压抑的，且不用说各个杂志和报刊都在宣扬怎么样去讨好男人，怎么去妩媚男人？总之，如果你不会迷住男人的眼，也算是做女人的一种失败吧！但，太过于献媚或是献宠岂不是又活得过于窝囊？

无意中看到这样一篇文章《女人太会赚钱到底好不好？》，甚感惊讶！会赚钱当然是好事，可是，太会赚钱了反而又有点麻烦！男人往往不喜欢能力比自己强的女人，反过来又想，如果太照顾男人的心情，岂不是活得又有点压抑？女人会赚钱固然是好事，最起码有一定的物质基础做后盾，别忘了很多时候钱比男人更可靠。男人会因为一些风花雪月或是一些杂事而离开你，而钱却不会，你的钱包你作主，如果要男人来管理你钱包的话，我想会引来很大的麻烦！男人既想着自己的女人能赚钱，又想不让她超越自己。所以，女人左右为难，赚钱好呢？还是花钱让别人养着好呢？

现在几乎每个女人都希望嫁入豪门，哪怕是再有钱的女人也希望能找个差不多的男人，从平民到明星几乎都不能免俗！可是，如果太照顾男人的心情，婚后只想着花他的钱，我想你也幸福不到哪里去！别忘了经济决定地位，一个只靠男人养活的女人在家里怎么会有地位？放弃了自己的钱包，如同放弃了尊严，走到哪里也不会挺直腰杆！

不要太相信男人的鬼话，有钱的男人往往这样说：我养活你，你只要照顾好这个家就可以了！可是，为什么许多年以后，他却嫌你变成了黄脸婆，嫌你没有了魄力和品位？试想一下，年轻的时候我们有容貌作资本，那么人老珠黄的时候呢？拿什么作资本呢？我想这时最可靠的还是你的钱包吧！让男人来管理你的钱包的确很可怕，那些嫌你赚钱比他多的男人也不能称为真正的男人，不要也罢！

很多时候委屈的活着比单身更可怕，女人既要学会自己赚钱，又要学会去花着男人的钱，只因男人都是犯贱的，他会看着你花着他的钱而有一种成就感。不要以为自己能够赚很多的钱，出去约会也抢着去埋单或是AA，那是最不明智的选择，聪明的女人会让男人在这时有一种成就感，既花着他的钱又让他高兴，这又何乐而不为呢？当然也有意外的情况出现，就是难免会遇到一些特吝啬或是品味低下的男人，这时的你偏偏从你的钱包里从容不迫地拿出钱来，然后潇洒地转身走掉，把他彻底地傻晾在那里，岂不是又是一种快乐呢？

爱情是纯粹的，在意你钱包的男人只能说爱你不够。贪财的男人窥视着你的钱包，而讨厌你钱包的男人又太自卑，爱你的男人应该是平和的，在他的眼里，你什么时候都是有魅力的，你的钱包跟他无关，只跟你自己有关！钱虽然不是万能的，但是没钱却是万万不能的，虽然我们羡慕着那些被男人养起来的女人，可是，如果真的有一天他离开了你怎么办？还是管理好你的钱包最好，免得落得人财两空！

不要让“无性”侵入我们的婚姻

据网上最近的一份调查显示，中国人四分之一以上是“无性婚姻”状态。社会学家认为夫妻间没有生理疾病或是意外，而长达一个月以上没有默契的性生活就是“无性婚姻”。

而以往的生理观点认为，女人“30 如狼，40 如虎”。可是在我的许多朋友当中，都是出现了相反的情况，不是丈夫不想要了，而是自己出现了状态。其中许多女人经过怀孕生子以后，很长时间都赶不上状态。试想一下，怀孕生子使女人消耗了大部分的体力，而抚育孩子的重担一般都落在妈妈身上，孩子的出生又使妈妈把对丈夫的热情转移到孩子身上。所以这是大部分妈妈的性一直恢复不上来的主要原因。孩子的到来，使大部分夫妻性生活变得索然无味，可是我们要考虑一下，婚姻的稳定性是主要的稳定因素。俗话说夫妻吵架，床头吵床尾和，性在里面起了一定的作用。作为一个合格的妻子不要忽略了丈夫的感受，而作为丈夫也要对妻子进行适时的体贴，感情是保持性长久的主要因素。

另一方面，社会压力越来越大，下岗失业冲击了大部分家庭，每个人都为了这个家而奔波。无论妻子与丈夫都想使家庭的物质生活提高到一个新的层次上，忙碌使他们不堪重负，回到家都想早点休息，压力损伤了部分夫妻的性致。

再一方面，在这个婚外情，婚外性高发的年代里，部分夫妻对平淡的婚姻失去了应有的耐心，都纷纷上外面寻求精神刺激，导致的结果就是不能把心都用在一个人身上。你说用不上心的性质量还会好吗?

总而言之，不要让“无性”侵入我们的婚姻，毕竟当初两个人相爱的时候都想把“性”进行到老。激情的爱必定会走向平淡，但是这需要我们共同的经营。适时的放松我们自己，缓解一下压力，提高各自的修养，给彼此一定的空间，让激情的性重新走进我们的生活。

世间最浪漫的事，莫过于和你一起慢慢变老，不要让性远离我们，让我们快乐的度过此生。

夫妻间应注意的四大情感误区

婚姻果真是爱情的坟墓吗?为什么结婚了却感觉不到爱了呢?为什么同一个屋檐下仿佛住着两个陌生人，这到底是怎么了?难道说婚姻真的那么残酷?曾经爱得死去活来的两个人为什么变成了这样，这到底是为什么?

一、无话可说就是没有了爱的表现

很多走进婚姻生活的男女都会有这样的感慨：为什么曾经相爱的两个人有那么多的话要说，一直到无话可说呢?入夜，女人走进家门，放下手里的包，看着坐在沙发上的丈夫，女人抱怨道：

你看家里乱的，你就不会收拾一下！丈夫懒懒地瞅了妻子一眼，心想：她就不会说点别的？真是郁闷！女人看着男人依旧不动，继而大喊：你到底听见没有！男人起身走出家门，只剩下女人在那发呆。女人心想：这到底是怎么了？为什么这么喊他都无话可说？男人心想：每天除了抱怨，她还会说点什么？真是烦人！其实，每个婚姻走到一定的阶段都会出现一个沉默期，这并不是双方不爱了，而是缺少一定的沟通。由于性别的不同，生理结构的不同，很多时候，男人和女人之间存在着一种误差。男人喜欢用炫耀来表达得意，女人喜欢用唠叨来发泄愤怒，所以就会出现这样一种情况。当两个人都疲惫的回到家中，男人只想用沉默来缓解一天的压力，而女人却用唠叨来缓解一天的压力，所以男人也烦了，女人也烦了。而反过来说，当男人用炫耀来表达自己得意的时候，女人往往嗤之以鼻，觉得那点破事还值得炫耀，于是，故意打击一下！结果，男人不高兴了，女人也不高兴了。所以说，有时候无话可说并不是没有了爱的表现，而是相互之间缺少沟通或是各自由着自己性子的结果。

二、夫妻之间没有隐私可言。

总觉得已经结婚了，两个人就应该变成了一个人，还谈什么隐私呢？结果未经允许就私自翻看对方的短信，未经允许就去翻对方的包包，未经允许就私自动用对方的邮件，未经允许就私自打开对方的抽屉。结果被对方发现，两人大吵。一方大喊：为什么要看我的手机？一方狡辩：心里没鬼，还怕我看？于是，男人愤怒了！女人哭了！其实，结婚了，并不是代表着没有了隐私可言，毕竟每个人都有自己的生存空间，如果你把那点仅有的生存空间也给他剥夺了，大部分会引起对方的警觉和反感，继而产生逃跑的念头，于是，两人的距离越来越远！

三、男主外、女主内天经地义。

虽然现在的社会一直打着男女平等的口号，可是男主外、女主内依旧统治着很多人的思想，女人受不了男人的窝囊，男人受不了女人的不贤惠。于是，我们经常见到女人这样抱怨：也不知道你什么时候能有本事，让我们娘俩过上好日子？而男人却在心里嘀咕：家里的活就应该你干，你看看你懒得，连个家都收拾不好！于是，矛盾产生。女人抱怨男人既不能赚钱又不理家务，而男人也在抱怨女人成天疯疯癫癫，一点也不像个女人。其实，在婚姻里，双方都应该承担起一定的责任和义务，这不仅仅表现在经济上，也表现在家务劳动上。谁主内、谁主外已经变得分不清边界，分得越清，双方关系越紧张。

四、激情只是爱情的事。

都说婚姻是爱情的坟墓，既然已经结婚了，就要放弃一些激情的幻想，平平淡淡的活着。于是，大部分的婚姻出现了一种死水的状态，人们纷纷去婚外寻找激情。激情的缺乏也是婚姻出现问题的一个重大因素，并不是婚姻导致激情的缺失，而是你的内心深处原本就有一个心理暗示，导致你激情的丧失，任何用婚外的激情来填补内心空虚的男女，最终只会把自己置于不尴不尬之地。婚姻里的激情并不是要你去等待，而是需要你去创造，需要你去改变，只有积极去做了，激情才能重现！

总之，婚姻并不是爱情的坟墓，婚姻需要你积极的去改善，而等待或是放任都会使婚姻走进不尴不尬之地，很多时候并不是我们不爱了，而是我们一直在爱与不爱之间徘徊。

不要用爱情轻易检验你的婚姻

为什么他回家越来越晚？为什么他越来越沉默？难道是真的不爱我了吗？女人一直在琢磨。入夜，趁着男人偶尔的早归，女人笑着搂着爱人呢喃着：亲爱的，如果有一天你去潜水，你会送给我什么？海水、海星、珊瑚、鲨鱼、小鱼、贝壳、还是珍珠？男人被问的莫名其妙，开玩笑地说：送你一条大鲨鱼！女人的头都大了，转过身去不想再理男人，男人满头雾水！忙问：怎么了？女人满脸怒容：难怪最近你老是忙呢？原来就是不爱我了！鲨鱼代表着讨厌。男人见女人当真了，感觉好笑：最近是挺忙的，所以一直晚归。女人依旧不听男人的解释，转过身去哭，男人无奈！转身就睡。

第二天，女人跟好友说：他不爱我了，他送我鲨鱼，鲨鱼代表着讨厌！女友感觉好笑，一个小小的测试，就可以击跨一个女人的自信？

很多时候，我们拿爱情的标准来检验我们的婚姻，结果越检验越失望，总觉得爱越来越远，幸福也越来越远。于是，我们开始困惑，也许我们真的不知道我们到底想要什么样的生活？

总觉得婚姻也应该和爱情一样的模式，两个人在一起心跳，两个人在一起大笑！殊不知爱情也只是婚姻的一个组成部分，当爱情不再成为一种唯一，所以我们难免感觉失望，于是感伤与无奈时常涌上心头。

时常和朋友在一起开玩笑：如果既能拥有一个能赚钱的老公，又能拥有一个会调情的情人就好了！朋友们听后都大笑：是啊，也许女人真的需要两个男人！很多时候，自己也常这样想：为什么生活越来越好，我们反而越来越空虚了？现在满世界都流行着各种的出轨模式，各种的情感模式，有时候都令自己眼花缭乱。也许，人们真的疯了，也不知道究竟是去寻找爱呢？还是寻找刺激呢？当你面对着在自己印象里那么保守的女人也会出轨时，真的会感觉这个世界疯狂了！人们空虚到大概只有靠寻找到另一种情感才能满足自己的孤独。这是现代人的通病，也是无法回避的问题。当我们用爱情来掩饰我们孤独的时候，却往往发觉那真的是一种借口。

婚后，我们越来越寂寞，总觉得爱情早已不在。但是，很多时候我们又在心底问自己，到底什么是爱情？爱情难道仅仅是一时的心跳吗？那为什么心跳过后，我们还会孤独呢？有时候又反过来想，如果其中还有爱，那为什么又感觉不到对方的心跳呢？所以说，爱情真是无法捉摸的东西，想的越多越苦恼！当我们把爱情看成生活的唯一，也是我们苦恼的时候。婚姻把爱情变得不再纯粹，那是因为在这其中，我们赋予了许多的责任。而当我们仅仅拿爱情来检验我们婚姻，也正是我们最终痛苦的根源。

第五章　当婚姻亮起红灯

生活中，红灯的作用非常重要，也是我们最为常见的。行驶途中看到红灯，意味着需要你停下来，耐心等待；身体亮起红灯，是在提醒你要善待自己，不能再无节制透支。因此，婚姻中亮起红灯时，不要慌张。它只是告诉你，你们之间需要冷静了，需要放缓甚至停下脚步。我们需要学会在红灯面前，让理智战胜情绪。

婚姻中应警惕的几种高温现象

婚姻到底是什么？是一个男人和一个女人在过日子吗？是一个男人和一个女人在生孩子吗？是一个家庭与另一个家庭的牵连吗？是一个男人与一个女人的爱情吗？婚姻到底是什么？没结婚的时候，向往着婚姻，那么结了婚以后呢？向往着一起白头偕老？突然，有这么多的疑问在脑海里生根，突然厌倦了一种固定的生活模式，突然觉得日子无非就是重复着重复。原来，婚姻只不过是重复着一种传统的模式，一种由高烧走向低烧的产物。可是，我们依旧避免不了随时发作的高烧，在那一刻，才知道我们都是凡人，一对凡夫俗子而已！所以，也只能搭伙过红尘日子了。于是，在婚姻中空留一丝叹息，空留一丝遗憾。大抵，人生都没有太过完美的东西，而婚姻也是如此。但，我们却不得不在意几种过火的高温现象，免得婚姻起了火，烧得面目全非。

一、双方都是强势的高温

一山岂能容二虎？对于婚姻来说也是如此，婚姻是山，山中如果住着两只猛虎的话，还不打得死去活来？相互的不示弱，相互的逞强，只会弄得两败俱伤。这样的夫妻，轻者动嘴，重则动手。婚姻成了战场，男女双方都不下火线，非得拼个你死我活不可，结果，搞得双方都很疲惫，总有泄气的那一天，总有累的那一天吧！于是，婚姻摇摇欲坠，这样的高温什么样的房子烧不毁呢？

二、追求激情的高温

当婚姻的热度慢慢减退，当夫妻双方都不满足于婚内的平淡。于是，双方开始追求一种时尚，比如：换偶游戏、各自寻找激情游戏。虽然，看起来暂时缓解了婚内平淡，但是，却留下了隐患。试想一下：如果婚外激情能够挽回婚姻质量的话，那我们还要这一纸婚书干嘛？还赋予婚姻那么多责任干嘛？婚外的激情只会使婚内的热度降得更低，甚至到冰冻期，从而终结婚姻。

三、追求时尚的高温

随着生活水平的提高，人们对婚姻质量的要求越来越高。于是，好多夫妻为了追求所谓的感官享受，开始提前消费，不仅仅做了房奴，做了车奴，甚至做了卡奴，提前贷款，提前透支自己的物质享受。结果，弄得双方压力变大，随着时间的推移，越来越不堪重负。于是，裂痕出现，别忘了，很多时候物质真是摧毁婚姻的重要因素，我们往往在许多困难面前没有低头，却在争夺面包的时候，失去了原有的情感。尤其，重负之下何谈轻松呢？

四、AA 制的高温

时代不同了，男女平等了，什么都开始公证了。譬如：婚前财产公证啊，婚后情感公证啊，男人和女人为了追求所谓的平等，什么都想平等分配。于是，AA 制也成了一部分男女婚姻的主题，相互都紧紧地看着自己的腰包，可是，AA 来 AA 去，却发觉真的不适合婚姻，只因，婚姻里有太多的琐碎。油盐酱醋，孩子尿布，各种费用算得两人头昏脑胀，我想终于有一天上床也得付费吧？这样的婚姻，简直把人烧成弱智。

五、过度在意双方父母的高温

按说婚姻只关两个人的事，可是，很多时候却不得不牵扯进双方的家庭，这就注定了婚姻是两个家庭的牵挂。孝顺是中国的美德，可是过于愚孝就不得不说是一种愚蠢，如果夫妻双方都在对方父母身上据理必争的话，我想这把火会越烧越旺，很多时候婆媳关系、翁婿关系，也会把婚姻逼到绝境。

高温并不可怕，可怕的是持续高温，那会使婚姻毁于一旦。

婚姻中需警惕的几种隐性第三者

很多时候我们总以为是婚外情破坏了夫妻感情，可是，大多数的时候，还是生活中的琐碎导致夫妻感情的破裂。那么让我们看看究竟是什么导致婚姻一步步走向毁灭？

一、孩子充当的第三者

随着孩子的到来，家里乱成了一团。吵闹、哭笑、尿布、奶瓶、训斥、教育，总之，每天女人跟着孩子忙的团团转，很多时候，忽略了男人的饮食起居。女人再也不知道男人每天在想什么，男人也不知道什么时候女人能够需要自己，孩子反正成了主角，这未免让男人内心感到懊恼，这也是不可否认的事实。许多的家庭就因为孩子的到来，夫妻间忽略了相互感情的交流，致使双方越来越冷漠，孩子不知不觉中成了可怕的第三者。

应对措施：权衡好孩子和丈夫之间的关系，留点空间给自己的男人，不要忽略了夫妻的感情，让男人也多接触孩子，培养共同的感情，培养家的温暖。

二、婆婆充当的第三者

婆媳关系自古以来都是一个难题，也许因为要面对同一个男人的爱，又加上女人的心眼比较小，所以同一个屋檐下的两个女人很难和平共处，而处在婚姻中的男人正好又成了一个夹心饼，很多时候里外不是人，长久以往难免会影响夫妻感情，尤其是那些愚孝的男人更容易偏袒母亲一方，造成妻子的愤恨进而加深矛盾致使婚姻破裂。

应对措施：委婉地处理好婆媳关系，糊里糊涂才是婆媳相处的真谛。

三、性充当的第三者

在婚姻生活里，性和爱同等的重要，甚至过之。夫妻间很多的矛盾都是通过性来化解，俗话说：两口子打架，床头吵床尾合。

可是，很多时候性却也成了麻烦事，不是你不想，就是我有点烦，性的不和谐很多时候导致婚姻的瓦解。

应对措施：增强夫妻间的感情，相互交流性的感受，委婉地拒绝对方的要求，努力使性趋于完美。

四、事业充当的第三者

随着现代生活节奏的加快，每天的忙忙碌碌，男人和女人都想在事业上有一个新的突破，每天疲惫的回家，未免有点心烦，如果再加上相互不谅解，势必会吵架或是歧视，进而引起双方的矛盾，随着矛盾的扩大，女人既不满足于男人的整日应酬，男人也不满足于女人比他强势，于是，导致婚姻破裂。

应对措施：家是永远的港湾，不要把工作情绪在家中发泄，分清工作时间和居家时间，相互体谅，尽量早回家。

五、家务充当的第三者

在家庭生活里，女人一般承担的家务比男人会多一些，所以抱怨也会多一些，这也是女人好唠叨的一部分原因。而许多的男人竟然把女人做家务当成了应该做的事，即使有时间也不帮忙，导致许多女人的不满，进而引起吵架。于是，抱怨和发泄成了女人的主色调，导致男人越来越不爱回家，感情越来越淡薄。

应对措施：家务活是夫妻双方都应该承担的义务，不要斤斤计较，多干活，少抱怨，生活会更美好。

六、朋友充当的第三者

虽然结婚了，但每个人还是有自己的生活圈子，朋友也成了每个人必不可少的交际圈。如果结婚了还像单身那样地自由，每天除了应酬就是吃喝，势必也会影响到夫妻的感情。

应对措施：把握好朋友和自己家庭的关系，不要像单身那样自由，把握好一定度，也会让你的家庭更美好。

婚姻的解体到底与什么有关

写了一年多的博，写了好多关于婚姻的文章。这其中不仅仅写婚姻的幸福，也写婚姻的痛苦。很多时候，自己仿佛在开解别人要坚信婚姻，要学会经营婚姻！可是，今天突然感到可笑：自己究竟也不明白到底因为什么使婚姻面临着解体？难道说你善于经营婚姻，就不会得到离婚的结局吗？难道说你婚姻的解体就是因为你不懂得经营吗？其实，很多时候细想一下，婚姻的解体大多时候还是因为不爱了！

很多的网友说我写的文章太过完美，是虚于理论的，当婚姻走到凡尘中，再高深的理论也解决不了感情的问题。我很多时候是承认这一点的，其实，很多的道理我们都明白。但是，真正轮到做的时候，就不会勉强自己。这说明了一个什么问题呢？问题的症结就是在这段婚姻里就是缺乏了爱的存在。当两个人不爱了，再高深的理论，也解决不了感情的问题。而这样的婚姻也仅仅靠彼此的责任来维持。比如说：孩子、父母、舆论等等！

其实，真正考虑一下，中国又有几个婚姻是靠爱来维持的呐！那些表面的幸福有时候渗透着那么大的虚伪。很多人这样说：珍惜眼前才是最幸福的，能被别人爱着是最幸福的。而我也只能这样说：心中有爱的人才是最幸福的，爱一个人真是一种幸福的感觉，当那个人在你心里一直有着重要的位置，当你把自己的全心都用在一个人的身上，那种幸福感也只有自己体会得到。而心中无爱的人真是痛苦的可怜，仅仅为了不伤害那个爱你的人而勉强维持着婚姻，这不就是一种可悲吗？当你大声地说出：我已经不爱你了，我想离婚的时候，一切都显得那么的苍白无力！而另一个人只是愕然：为什么要不爱了，难道说我做的不好吗？难道说以前的承诺都是谎言吗？我不要离婚，哪个家庭不是凑合的？于是，离婚一次次地被搁浅，直到你再也没有气力提离婚的那一天。

在中国这个社会里，不爱仿佛真不是离婚的理由。直到逼得不爱的那一方以性格不合起诉，爱的那一方还不死心！这真是一个大问题，难道说不爱了，靠智商的经营就能挽回婚姻吗？这样挽回的婚姻也只能如死水一样，身在其中的人们只能痛苦地挣扎！其实，如果婚姻里面真的没有爱了，也就不要太勉强了，分开也许是最好的选择！

婚姻的死穴到底在哪?

婚姻失去了最初的想象，以另一种姿态展现给对方，我们到底需要什么？婚姻的死穴到底在哪？

昨天下午朋友到家里来，苦恼地对我说：你说现在的婚姻还有多少的可信度？当初的海誓山盟早已随着时间的流失而淡漠，越来越冷淡的脸，他在家除了网聊外和我无一句话说。你说，我的婚姻到底怎么了？看着她有点颓废的脸，我无奈地摇了一下头！

婚姻的死穴到底在哪？为什么随着时间的改变，我们都变了，变的有点淡漠，变的有点忧伤。时间真是一个杀手啊，原来可以淡漠许多的爱情！当初的你我早已变得如此地淡薄，曾经幻想着回到从前，可是，我却无力地摇了摇头。婚姻的死穴到底在哪？我问了又问。

这也是困扰着围城中许多男女的问题。随着时间的改变，我们都变了。很少人在谈爱情，爱情也许跟婚姻无关，我们都希望爱情能够一直不老，可是，爱情终归毁在各种琐事里。女人再也听不到男人说：我爱你！男人再也听不到女人说：带我走，一生一世！有的只是彼此之间那偶尔的牵挂。其实，这才是真实的婚姻，婚姻使爱情隐藏，但并不代表着已经失去。正如，当真正遇到困难的时候，还是夫妻俩共同来抗战。婚姻怕就怕彼此的冷漠，彼此的猜忌！很多吵吵闹闹的夫妻依旧维持着原样，怕就怕那些有了内伤的夫妻，当困难来临的时候，各自飞，唯恐惹了自己的麻烦，这才是婚姻的死穴！

我们经常看到这样一种情况，两个正在闹离婚的男女，在法庭上大吵，不是为了孩子大吵，就是为了财产分配不公而吵，那种气势恨不能杀了对方而后快。当婚姻走到这一步，其实无任何意义可言。怕就怕婚内的人，在困难来临的时候，不是一致对外，而是先发生内战。正如，当别人在外面对配偶闲言碎语的时候，回家的你也对配偶产生了怀疑，不经过调查就一致同意别人的论断，于是，夫妻大吵，伤了彼此的心！不信任和不沟通真是婚姻的死穴，我们往往不是毁在艰苦的日子里，也不是毁在平凡的琐事里，婚姻正是毁在了相互的不信任和不沟通中。当你遇到苦闷的时候，不向配偶诉说，当配偶遇到闲言碎语的时候，不先站在配偶的这一边，而是先妄加指责！结果，爱越走越远，试想一下：如果夫妻间一直像敌人一样的防着？这样的婚姻怎会长久？一有风吹草动，不是乱了敌人阵脚，而是自己先乱了阵脚！这不能不说是一种可悲！正如，朋友的婚姻那样，为什么会出现老公沉迷于电脑的情况，难道自己就一点责任也没有吗？是不是男人在外面受了委屈，正准备向你诉说的时候，你的不嗤一鼻的态度，再也失去了他向你诉说的想法呢？反过来说，几次不快的沟通就放弃了自己的倾诉，转而失去对配偶的信心，甚至是怀疑和猜忌，是不是也有点小心眼呢？俗话说：一个巴掌拍不响，都不先从自己的缺点下手，一直用抱怨和猜忌的状态去对待对方，那只会使爱情越来越远。如果，夫妻间真的成了相互猜忌的敌人而不是朋友，那么这样的婚姻迟早会走向瓦解。婚姻真的需要相互的信任和沟通，缺少了信任和沟通，那么婚姻早已如失去灵魂的行尸走肉。冷漠再冷漠，直到彻底都走失。婚姻的死穴原来很简单，就是猜忌和冷漠！

完美婚姻破裂的终极原因是什么？

自古英雄爱美女，郎才女貌是我们最向往的婚姻伴侣，可是往往看似完美无缺的婚姻破裂的最快，就像一个瓷器容不得任何瑕疵，稍微有点裂痕就会破裂。

最近朋友放弃了家里的娇妻，要娶小自己十几岁的女孩，真是令人大跌眼镜！朋友的妻是公认的美女，各方面的条件都很好。朋友也很出众，正所谓郎才女貌，可是，看似完美的婚姻，却破裂在小三身上。望着那个女孩，怎么看也不如朋友妻的气质好，但是，婚姻有时候就是这么无奈。不是不好，而是两个人都腻了。

曾经李敖和胡因梦就是令人羡慕的一对，一个大文豪，一个美才女。这样的婚姻组合给人一种羡慕的感觉，可是，结婚3个月两人的婚姻就走到了尽头，也不能说是一种遗憾。很多时候不是不爱了，而是要求太高了。也许偶像只适合远观，不适合近看。太琐碎真实的生活令两个人很失望。尤其对于视双方都是偶像的男女来说，男人在女人的心里不再是王子，而女人在男人的心目中不再是公主。相互的角色来不及转换，相互都不甘心低下自己的头，都觉得自己很优秀，所以婚姻很快就会破裂。

婚姻需要及时的角色转换，更需要相互的崇拜。而完美婚姻恰恰缺少了这一点，男女的优秀都使自己自视很高，相互的不低头，这样的婚姻怎会长久？毕竟婚姻不是爱情，爱情有一定的距离，透过距离相互看到对方的好。而婚姻却是一个距离模糊的综合体，需要灌注柴米油盐和日常的琐碎，角色转换的不及时，会使两个人都很尴尬。男人心想这不是我要的妻子，女人心想这也不是我要的丈夫。于是，两人都不审视自身的缺点，同时把触角伸向婚外。这时若有崇拜者示爱，对于婚姻中的任一方都是一个致命的诱惑，也是一个证实自身价值的体现，所以双方很快都会游离于婚外，宁可找一个不如对方的人，也不愿彼此地埋怨和鄙视。有时候婚姻真的需要崇拜感，太优秀的两个人在一起反而越走越远。

望着朋友新娶的小女人，小鸟依人的样子，看着朋友妻失落的样子，说不出那种无奈。不过，朋友妻很快又找到了男人，只是这次是个平凡的男人，大概朋友妻也觉得太累，毕竟找个偶像使自己很累。婚姻需要平淡，太招摇的折腾大概谁也受不了。许多的平凡婚姻在我们的修炼下，也会逐渐趋于完美，而看似完美的婚姻如果不善于经营也会千疮百孔。原来完美的婚姻在于我们自己的修炼，而你学会修炼了吗？

当婚姻被“激情”所诱惑

都说爱情的保质期是3个月，没有永恒的爱情，当爱走到尽头时，你有能力再失恋一次吗？

失恋几乎每个人都经历过，可是婚后的女人，你有能力再失恋一次吗？

婚前当小女孩的时候，那时的恋爱来的快，去的也快！毕竟对于感情的投入度不那么深，而另一场新的爱情会很快替代一场失恋。可是婚后的女人，一般感情比较细腻，当对婚姻感到寂寞时，另一场爱情会让她更深的投入，可是这种注定没有结果的恋情，会把人伤得很深，很痛。

小云结婚十年了，整日面对周而复始的平淡日子，面对几乎一天都说不上几句话的老公，小云感到前所未有的孤独与寂寞。一次偶然的出差，小云认识了一个男人，顿时被他的气质所吸引，竟勾起了她对初恋的回忆。两个人一见钟情，不管不顾的恋爱了。

偷吃了禁果的爱情毕竟是苦涩的，小云自始自终一直在痛苦与甜蜜之间徘徊，也许正应了那句古话：爱情的保质期是3个月。两个人由一天几个电话，到几天的一次短信，以至于她的男友彻底的关机，消失得无影无踪时，小云彻底地崩溃了！自以为能承受得了失恋的伤痛，可是没想到一次婚后的出轨比哪一次失恋都痛苦。而这种苦果只有自己默默地承受，毕竟是见不得光的爱情。

其实，爱的激情总有一天会走向平淡，只是女人都比较渴望一种激情的感觉，时刻想被人宠、被人疼是女人的天性。而当这种天性被忽略的时候，就有一种被困牢笼的感觉。初恋几乎是每个女人美好的回忆，当日子寂寞的时候，自然而然的去想象初恋的男友，而如果恰在这时出现一个和初恋男友差不多的男人时，女人很快就会陷进去，而这种婚后的恋情，女人的用情程度要比男人更猛烈一些，以至于长陷其中，不能自拔。

所以婚后的女人啊，要学会自我保护意识，要明白“爱有多深，痛就有多深”的道理。失恋毕竟对我们来说是一个很深的痛，而这种不能启齿的痛对于我们来说是致命的伤。不要把生命浪费在这种无助的痛苦上。

由激情走向平淡，是婚姻必走之路。只是我们要慢慢地适应，毕竟亲情是永恒的。

当婚姻被“爱情童话”所侵蚀

有些爱情就像一棵棵色彩斑斓的毒蘑菇，发着耀眼的光来诱惑着你。可是这种爱情有时候只能看，而不能去尝试，否则你就会中毒，这种毒会让你痛不欲生。

菲菲就经历了这样的一段爱情，痛过之后突然有一种劫后余生的感觉。菲菲曾有过一段美满的婚姻，老公也曾温柔的爱着他。可是对于天性浪漫的菲菲来说，老公的木讷憨厚始终就成了菲菲的心病。结了婚以后的菲菲总有一种被困牢笼的感觉，婚姻使她孤独，婚姻使她想逃。虽说老公细致的照顾着她，可是如果一个人不够爱另一个人的时候，那个人做出再大的牺牲，也不会打动她的心。菲菲终于在一次旅途中，结识了一个浪漫的画家，具有艺术气质的画家深深地吸引着菲菲，菲菲如痴如醉的爱上了他。甚至迷失了自己，曾经那么骄傲的菲菲在爱的作用下，竟也变得有点不自信了，这个画家几乎变成了菲菲的唯一。为了他菲菲竟毫不犹豫地离婚了，重新获得自由的菲菲更加依赖于画家。菲菲那种窒息的爱，令这个画家感到透不过气来，终于有一天，这个画家背起了行囊逃了出来，菲菲回到家后，看到空空的房子，彻底崩溃了。当晚，就服了 100 片安眠药，多亏朋友发现及时，捡回了一条命。

其实，女人往往追逐一些虚幻的爱情，而这些爱情根本就经不起现实生活的风吹雨打。当这些所谓的浪漫真正经历生活的琐碎时，爱就消失了。菲菲的爱从一开始就是一个错误，浪漫的爱自始自终象一颗有毒的蘑菇一样诱惑着她。可是菲菲应该知道，现实生活中，没有爱情童话。那种缥缈的浪漫爱情只是存在于童话中，当两个人走得太近，当两个人最终生活在一起时，浪漫也像肥皂泡一样慢慢地消失、破裂。

那些爱做童话梦的女人啊，醒醒吧！婚姻生活中没有永久的童话，当王子和公主结了婚以后，童话也不再延续。

当婚姻被金钱所暗算

灵灵认识他的时候，他还是个穷光蛋。而且其貌不扬，但是他硬是凭着三寸不烂之舌，死缠烂打的精神，把灵灵追到手。当初，灵灵全家都反对这门亲事，可是灵灵硬是不顾家里的反对嫁给了他。婚后的日子虽艰难但很温馨，他也终于凭着自己的能力，由一个穷光蛋变成了一个小大款。地位的突然改变，心也在改变。慢慢地他经不住外面花花世界的诱惑，越走越远，以至于在外面又包了一个“二奶”。灵灵知道后，伤心得几近崩溃，她早听说过“男人有钱就变坏”的道理，可是没想到会这么快……

当由爱情而走进婚姻，当由浪漫而走进现实，没有面包的婚姻固然不幸，“贫贱夫妻百事哀”就是这个道理。当两个人每天为了生计而发愁的时候，也会损伤爱的程度，可是为什么有了面包，有了钱以后，婚姻还是照样被暗算呢？

其实，在这个物质社会里，钱很大程度上冲淡了情的需要！当情变成钱的奴隶的时候，我们是不是应该反思一下呢？钱固然重要，可是人一辈子还是需要感情的维系，如果没有感情的存在，钱再多也抵不住心的空虚。

在现在这个物质越来越发达的年代里，情却越来越淡薄。我们在呼吁爱开放的同时，是不是要思考一下传统的爱呢？虽说传统的爱没有现在的爱这么大胆开放，但是它始终有一份亲情的维系，钱的成份反而很少。而现在的爱无时无刻不被钱贯穿于其中，这大概就是人心太浮躁的原因吧！

当婚姻被金钱所暗算时，我们应该怎样抵制呢？

一、当婚姻走进“完美”的陷阱

每个人都有心中的彩虹，每个人都有追求“完美”的梦想。但是“完美”有时候就像彩虹一样，转瞬即逝，留下的只是一个虚幻的梦想。而婚姻也不例外，当你力求婚姻完美的同时，幸福就离你很远！

梦雅和小非结婚3年了，想当初梦雅是个时尚的都市女孩，非常的骄傲，面对众多的追求者，梦雅独独看上了小非。小非来自农村，家境不是很好，但是正是那种农村人固有的淳朴憨厚，打动了梦雅的心。婚后，小非通过自己努力的打拼，有了自己的公司。现在两个人有车，有房，而且还有一个可爱的儿子，夫妻两个也客客气气，相敬如宾。照理说梦雅应该感到很幸福，可是她却常常有一种孤独的感觉。

面对丈夫常年以来养成的不良生活习惯：回家把衣服随手一扔；吃完的果皮随手往茶几上一放；睡前有时倒头就睡，不知道洗脚等等，梦雅感到苦恼极了。而每次对老公劝说无果后，梦雅竟对这样的婚姻产生了怀疑。而令小非感到纳闷的是：为什么婚前优雅的梦雅竟变得唠唠叨叨，曾在他心中的公主，竟也变得和一个普通妇女一样的俗气。

终于有一天，两个人爆发了一次大的争吵，梦雅指着小非说：早知道你这么糟蹋，说什么我也不能嫁给你！小非气急了：你每天把家里搞得像个五星级宾馆似的，我怎么做都不会达到你的星级标准，再说了，你怎么会变得这么罗嗦了，多伤气质啊！

其实，当你要求婚姻像热恋一样完美无缺时，那么烦恼自然而来。谈恋爱的时候，两个人眼中只有相互的优点，连缺点也变得那么可爱，相互的眼中都是王子和公主的关系。可是真正走进婚姻，真正开始柴米油盐，有几个能长期保持王子的风度、公主的优雅呢？毕竟我们都是俗人，俗人就得有俗人的生活方式。譬如：有几个妻子不唠叨？有几个丈夫不糟蹋？家毕竟是个避难所，当妻子向你唠叨的时候，你应该明白这是一个女人正常的减压方式，如果你的妻子连向你唠叨的兴趣也没有了，那么就是她对你感到厌烦了。而一个丈夫忙碌了一天，回到家后，有时候只想舒舒服服的躺一下，而随手仍个衣服的动作，你也不要过分深究，毕竟家是一个想让人舒服的地方，如果回到家中像参加宴会似的，那家的意义在哪？

总之，婚姻是一座城，需要城中的男女相互习惯对方。人总是有缺点的，不要苛求完美。等你们相互爱上对方的习惯时，自然在心中会有一份完美。

二、当婚姻走进“冷暴力”的迷宫

当我们把白丝带系到手腕上，一般都会联想到真正的暴力，真正的残忍。可是偏偏却忽略了另一种暴力的存在，这就是“冷暴力”，它虽没有明显的暴力特征，却有着普通暴力一样的威力，可以让人在这种状态下慢慢窒息，直到心死！

蔓藤与一凡结婚好几年了，婚后的日子波澜不惊。虽说两个人的收入都还不错，有房有车，但是在两个人的心中却没有多大的幸福感，大概是性格不同的原因，两个人几乎一说话就吵，后来慢慢地也吵累了，双方都厌倦了争吵的岁月，逐渐变得两个人相互见面都到了无话可说的地步。但是碍于社会的舆论，谁也没有勇气提出离婚，日子就这么不咸不淡地耗着，双方从精神上的冷淡慢慢走到肉体上的拒绝，但是为了面子，在人前双方都装出很亲热的样子，这种貌合神离的婚姻使两个人都感到疲惫不堪。

其实有些时候，冷暴力甚至比另一些暴力让人感到更可怕，它几乎在慢慢的折磨人的思想。一想到两个人要在这种相互冷淡的状态下过一辈子，就会让人感到窒息。于是有些人选择了离婚放弃，有些人许择了婚外恋寻找刺激，也有些人选择了坚持，其实，无论哪一种选择都是一种无奈，但是怎样去改变这种婚姻状态呢？

许多时候，不是我们不想去改变，而是不愿去做。因为双方都舍不得为了对方而放弃那点可怜的尊严，甚至改变一下自己，这就是矛盾的所在。相爱容易相处难，正是这个道理。当性格不同的两个人生活在一起，毕竟需要慢慢地磨合，正如一本书上所写的：一生中要结两次婚，一次与他这个人结一次婚，第二次与他的习惯结一次婚。或许现实中有很多的无奈，有些人一辈子也不会与他的习惯结婚，所以就出现了许多的冷暴力婚姻，当真正走进这种婚姻状态时，我们要做的不是抱怨，而是努力走出来，不管你采取哪一种方式，只要以后不后悔就行了。你的看法呢？

三、当婚姻走在悬崖的边缘

当爱已走远，当心中的感觉早已不在，可是面对另一方的痴情，该怎么办？对于这样的婚姻去还是留，是当前困扰人们的主要问题。

如果说双方感情都已破裂，那么结束是最好的结局。可怕的就是，一个人早已不爱了，而另一个人还是痴情一片，去还是留成了最难解决的问题。

欣雨就遇到了这样的一个难题，和丈夫结婚已经十多年了，当初两个人也曾要死要活的爱着，可是结了婚以后，欣雨整日面对平凡的丈夫，怎么也爱不起来了。欣雨属于那种特要强的女子，而丈夫却属于那种安于现状的男人，在丈夫眼里，只要够吃够喝守着老婆孩子，就是一辈子的幸福。而欣雨想要的男人始终应该是那种稍微有点魄力的男子，丈夫的这种安于现状的性格始终给不了欣雨安全的感觉。而且这种感觉越来越强烈，竟使欣雨再也爱不起来了，可是欣雨的丈夫却一无所知，还是一如既往的爱着，默默地为这个家做着一切。

问题是：如果一个人不爱另一个人了，再多的付出也挽不回她的心。欣雨现在就属于这种状况，面对丈夫的热情只有心烦。但是却没有勇气提出离婚，日子就这么半死不活的过着。她知道和一个好人离婚会有多么难，可是又有几个人理解她的苦呢？

其实，中国的婚姻大部分都属于这种状态。一个人不爱了，而另一个人还是爱着，所以责任成了维持婚姻的主要条件。

在这种婚姻城堡里的夫妻们，一方是快乐的，而另一方却是苦恼的。最可怕的问题是：快乐的一方始终不知道另一方是不快乐的；而不快乐的一方，面对另一方的热情还要勉强的保持微笑。

真不知道，这种走在悬崖边上的婚姻还能走多远？是不是要靠另一方的责任来走完一辈子呢？

男人出轨了，该哭闹还是该坚守？

现在这个社会，出轨并不是什么了不起的事，我们随处可见男人领着自己的情人出入各种场合，不管是公共场合，还是偷偷摸摸的，反正男人们比以前大胆的多。出轨仿佛代表着一种时尚，代表着一种虚荣。当男人口袋里的钱有了一定比例的时候，女人也随之增多。于是，家里的老婆们诚惶诚恐的，不知道该怎样留住男人的心。当男人在外面应酬增多的时候，当男人的短信时不时冒出来的时候，当男人特别注意自己仪表的时候，女人的心在紧揪着。恨不能掏出他的心看看到底是不是红色的！

女人一直在怀疑着，一直在寻找着蛛丝马迹，终于有一天男人的暧昧被女人发现。于是，女人大哭或是大闹，冷静之后反而接受了现实，不是选择了离婚就是选择了继续坚守婚姻。而男人们却仿佛松了一口气，女人的哭闹和打骂使男人的愧疚感全无，冷静下来的男人继续重复着他的腐败。

有很多的女人这样问我：老公出轨了，我该怎么办？哭闹之后，他反而更加的变本加厉。而我只能这样回答她：先调整一下心态，让自己的心静下来，哭闹不是解决问题的办法，哭闹只会让他越来越远。女人哭泣：但是我忍受不了他的冷漠和无情，他为什么这样对我？我答：男人比女人更喜欢刺激的东西，在现在这个压力和诱惑过大的社会里，出轨其实也只是一种缓解压力的方式而已。很多的时候，男人并不在其中投入更多的感情，追求的也只是一种肉体的刺激，大多数的男人出轨以后还是感觉到了家的温暖，只是，这样的男人太贪心。既然事情已经发生了，就要考虑一下还有没有继续下去的必要了，闹也只是浪费了自己的精力。很多时候，一哭二闹三上吊，在这个社会已经行不通了。

当大多数的女人向你哭诉老公出轨的时候，其实并不想真正结束她的婚姻，女人比男人仿佛更恋家，因为家里有孩子、有和男人曾经的爱。这就是女人割舍不下的主要原因。而男人的出轨对女人来说真是一个天大的打击，女人忍不住地哭闹，甚至于想杀了那个狐狸精而后快。于是，出现了这样一种可笑的现象：女人有时候并不十分怨愤自己的男人，而去怨恨那个勾引男人的女人。总觉得把那个狐狸精打跑了，男人自然就会回家。可是，女人却没有想到，打跑了一个女人，还会有另一个女人的出现，问题的本质终究没有解决。

那么男人出轨了，该闹还是该守呢？这就要看你婚姻的现实状况和你的个性了。很多的完美主义者选择了结束婚姻，因为那样的女人容忍不了一丝的背叛。但是大多数的女人还是选择了坚守，也不管在这其中到底有没有爱了，反正就是死守。于是，结局出现了两种：男人改邪归正，玩累的时候，终于回到了家中；而另一种就是男人更加变本加厉，忽略着你的存在。所以说，死守着的婚姻有时候真是心力交瘁。对于女人来说，既然男人已经出轨了，就要坦然地面对现实，如果觉得婚姻还有爱的存在，还有继续下去的必要，就要学会原谅与坚守。如果婚姻已成死水，那么我劝你也不要哭闹，这时要做的就是努力争取自己的物质利益，免得落得两手空空，既伤心又伤财。

总得来说，爱情本来就是一个冒险的东西，有它美好的一面也有它残酷的一面。我们既要学会接受快乐，也要学会接受痛苦。爱走了，心散了，挽不回了，就放他走吧！

有多少女人会原谅出轨老公回归?

背叛像利刃一样刺伤滴血的心，在爱情中我们容忍不了背叛，自私的拥有让我们无法解脱。于是，我时常想我们拿什么拯救受伤的心？放弃还是等待？

假设有更大的诱惑在眼前，我们会不会也去背叛？背叛也许就是诱惑的程度太大吧？长期的平淡让我们渴望刺激，也许这就是人性，有点惨烈和灰暗！

今天，看到伍兹因为情妇门退出高尔夫球场，不仅仅感到遗憾。于是，心想：优秀的男人又有几个属于一个女人？而又有几个女人会放弃优秀的男人？伍嫂不想放弃这么优秀的男人，退而求其次要求伍兹退出名利场回归家庭。看到这我就想：难道暂时地回归家庭就能挽回男人的心？这样优秀的男人难道会被家庭锁住？当两个人整日锁在一个房间里或许会期待奇迹的发生吧？我感觉结局不会是很好，而我却也在默默地祝福。

背叛终归会在内心留下阴影，有的女人会为了钱、或为了孩子亦或是为了情来挽留。可是，爱情里终究容忍不了背叛，背叛时刻像魔鬼一样困扰你我的心。放下内心的纠结才是最大的解脱。原谅代表着忍受，你要学会忍受背叛的阴影，你要强作欢颜来应付以后，你要努力地做的更好才能挽住他的心。这种原谅是不是带着一种低微？很多时候，我们却需要一种低微，在爱情里总有一个会低下高昂的头。曾经的我也曾傲慢地说：我接受不了背叛，可是，如果真的要把背叛摆在眼前，我会不会也选择低下高傲的头？我想：没有经历过背叛，谁也不可能断言自己的行为，经历才代表着真实。

在婚姻中，我们尽量减少背叛，尽量去维护那份爱。可是，世事难料啊，这个世界太不确定了，当你炫耀幸福的同时，首先要想到不幸，太过于自信会把自己至于死地。而你我会不会真正原谅出轨的老公呢？亦或是真正也能抑制住自己的背叛？

原来，背叛真是一个魔鬼，你我之间的魔鬼，随时把你我吞噬！

四招巧妙应对老公出轨

世上没有不偷腥的猫，就像没有不想出轨的男人一样。至于有的男人反驳他的忠贞不二，那是没有机会而已，如果有机会，再老实的男人也会下水。虽然有点言过其实，可是，面对性感美女的诱惑，面对欲望的挑逗。又有多少男人被出轨了呢？被出轨也是出轨，虽然只是逢场作戏，但也出了。至于一些精神出轨更不用说，虽说闷在了心里，也算出轨。就此来说，男人们努力管住下半身就好，管他什么精神出轨，我们控制不了他的大脑。

出轨依旧是婚姻的第一杀手，而男人的出轨比女人的出墙更甚。既然有等女人出墙的男人，就有等男人出轨的女人。总的来说，男人的占有欲比女人更甚，所以，女人比男人更紧张出轨。当女人为了男人的出轨恨不能对其实行化学阉割时，为啥不想一下对付他的妙招呢？

第一招：假痴不癫

许多女人发现男人出轨后，大哭小叫，弄得满世界的人都知道。这让男人的脸面往哪里搁？男人也正好乘机溜走，不仅满足了小三的愿望，也满足了男人的痴想。而女人恰恰中了圈套，人财两空。男人出轨并不可怕，可怕的是你陷入圈套，到了末了好像你是过错方。当发现男人出轨的刹那间，我的建议是冷静再冷静，深呼吸再深呼吸。论力气，你打不过他，论吵架，你的思维早已混乱。这时最好的武器就是眼泪，眼泪让男人愧疚，让他暂时抛弃另一方。

第二招：暗渡陈仓

既然男人出轨就有他的原因，冷静下来的你，分析一下他出轨的最终原因。沟通是唯一的方法，当然这其中男人会用尽甜言蜜语来哄你的回心转意，毕竟大部分男人不想离婚。也有一部分花心男人势要和你分手，具体情况区别对待。明里稳住男人，私下就要找律师分析一下这场离婚的代价。证据是必要的，顺便规划一下家里的财产明细。静下心来和男人沟通一下他出轨的原因，听一下他的态度（这时最好带录音笔，保留证据，或许你永远也用不着）。在权衡了利益和爱后，我想你会做出选择，如果还想留住这份婚姻，建议你宽容一下，给他一次机会。如果就是受不了这种屈辱，那么，我们继续走下去。

第三招：釜底抽薪

如果你的男人对你就是不爱了，或是反复性地出轨。那么，建议你不要心慈手软。釜底抽薪是最好的办法，我想这时你已经掌控了一些他出轨的证据，也掌控了一部分的财产，那么，好吧！当他再一次对你熟视无睹的时候，再一次故意放纵的时候，就彻底对他釜底抽薪。既要对他的家人宣布你的离婚决定，又要取得大家的同情，彻底孤立他是最好的办法。当然，这其中也不排除好合好散，如果他感到愧疚给你留下了大部分财产，那么，就好合好散吧！如果他依旧盛世凌人，法庭见是最好的举措。

第四招：树上开花

很多女人用男人的错误来惩罚自己，面对男人的出轨，女人不仅放弃了自身修养，也放弃了对生活的热情。或用出轨来报复对方，或用屈辱来容忍对方，结果，对方抓住你的弱点，反复性出轨。这甚至在你釜底抽薪后，有的男人竟然死皮赖脸地求着你放弃离婚，而大部分放弃离婚的女人很快又发现了男人的屡教不改。既然无法改变对方，就要学会改变自己。一个男人并不能决定你的人生，只有你才能决定你的人生，那么，就灿烂地生活起来吧！学会妖娆，学会自主，学会面对生活。当你改变的时候，树自然开了花，男人的出轨只能惩罚了他自己。

chapter 06

第六章　当婚外遭遇诱惑

当今的生活中，暧昧、一夜情、婚外恋等等，这些婚外的诱惑早已司空见惯，它们如婚姻的肿瘤一样，不仅发病于男人，也会由女人引起。即生活中，不仅男人会面对诱惑，女人同样会遇到。那么，珍视婚姻的你，该怎样面对这些来自婚外的诱惑？是抵御还是玩火？

“一夜情”就是一夜的陷阱

在这个爱泛滥的年代里，“性”已不再是那么神秘。性观念的开放，打破了人内心的顾虑，“一夜情”被越来越多的人所尝试。另一方面，物质生活的提高，并不代表感情的充实，随着现代生活节奏的加快，人与人之间缺乏一定的交流，人反而会感到越来越孤独，越来越来寂寞。所以“一夜情”的出现是感情空虚的产物。可是“一夜情”真的一夜就可以结束吗？其中的后遗症一直困扰着一些人。

人毕竟不同于动物，人与动物的主要区别就是人是有感情的。性行为不单纯是一种繁衍后代的行为，更多的时候是一种情感的发泄方式，而没有感情的生理冲动只会让人感到空虚。

很多时候，男人先性后爱，而女人一般先爱后性。基于男女生理和心理的不同，女人更容易受到伤害。男人是视觉动物，女人是听觉动物。两个人第一次见面，最令男人动心的主要是女人的美貌与气质。而女人不同，女人主要是被男人的甜言蜜语所诱惑，而长相总是放在第二位的，这就是有些“丑男”能追到美女的原因。所以两个人发生关系后，女人更难忘记的是男人的甜言蜜语和感觉的刺激，而男人不同，他征服了一个女人之后，可以再在另一个女人身上得到满足。所以说男人一般是为了找刺激来发生“一夜情”。而女人一般都是受了刺激想通过“一夜情”来寻求发泄口，于是一夜情过后，备感空虚与失落的往往是女人，因为女人最受不了热情与冷漠的巨大变化。所以一夜情之后，有些女人会像中了毒一样，把“一夜情”更多的演变成“多夜情”或堕落成和更多的人发生“一夜情”。可是这种突然消失的一夜情分，你能承受得了吗？所以当性来临的时候，你要先考虑一下心理的承受能力再去做，否则会伤得很深。如果不能控制自己的感情，也要先考虑一下性健康的问题，很多“一夜情”就是滋生性病的根源。梅毒、淋病更可怕的还有“艾滋病”的死亡危险，这些代价的交换都不是等同的。“安全套”是必要的防范工具，不要为了一时的痛快，而忽略了安全，让我们把伤害程度降到最低吧！

总之，“一夜情”于情于理都不是应该提倡的，它会给我们带来片刻的欢愉，也会给我们带来长时间的伤害。学会控制，才是我们应该做的。

婚外恋，以爱的名义折磨

婚外恋是不为社会道德所许可的，往往以爱的名义来折磨。

它如一个爱的毒瘤侵入人们心中，令人痛不欲生！很少有婚外恋会修成正果，修成正果的婚外恋也带有前世的阴影，挥之不去。总之，粘上它就如同吸食了鸦片，最初兴奋，可是慢慢地会让你痛苦。

朋友自从结了婚以后，就如同变了一个人，由一个活泼的小姑娘变成了一个沉默的小妇人。与老公的性格不合，使她备感孤独，恰在这时，诱惑出现了。女人最怕寂寞了，尤其在最寂寞的时候，男人温柔的引诱是最致命的，于是心慢慢地出轨了，她深深的爱上了另一个男人，恋爱的感觉最初始终是美好的。她脸上又恢复了往日的笑容，可是这种爱毕竟是偷来的爱，总有一种不安全的感觉，所以有时候笑过之后，总感到另一种孤独。纸始终保不住火，有一天，她老公发现了她的秘密，一气之下，就和她分居了，这一分就是3年。3年里朋友没有得到应有的快乐，也失去了婚外恋的兴趣。

最近，再见到她时，已经瘦的不成样子，一副郁郁寡欢的神情。问她：最近还好吧？她答：离了，孩子跟了我。我默然！安慰她说：过去的就让它过去吧，以后再找个好的。她默默地跟我说：我已经不相信感情了，男人总是在我最需要他们的时候离去！我问：你已经离了，你的那个他为什么不离？她苦笑：你以为男人像女人这么傻吗？有几个男人会舍得离婚，再重组家庭，何况我还有个孩子。我茫然……

是呀，有时候女人真挺傻的，热恋中的男人总是比女人聪明，他们总是明白自己想要得到的是什么。而女人在热恋中会变得很傻，以至于失去理智，在爱过之后为痛苦买单的大部分还是女人。

女人是感性动物，敏感而脆弱。尤其在婚后，稍有点不如意，就会感到孤独寂寞，而这种孤独就怕被老公不理解，所以有时候诱惑就会乘虚而入。而一旦步入婚外恋的泥潭，就会越陷越深，因为婚后的女人更容易把感情用进去，结果爱的越深，就会越盲目，以至于最后遍体鳞伤！这才是婚外恋最可怕的后果，所以女人啊，小心你的脚步，不要轻易掉进这个陷阱，美丽的陷阱会给我们造成致命的伤害。

虚拟性爱对婚后女人的诱惑

随着网络时代的到来，许多人的交流开始从现实中转向虚拟的网络，在这种虚拟的网络中，他们通过聊天的方式来模拟想象中的性爱生活。他们逃避着，痛苦着，却不知道怎样走出这种虚幻的梦境。

晓尘结婚数年了，由于老公经常出差，晓尘竟也习惯了这种聚少离多的日子。有些时候，甚至于老公的出差归来，反而让小尘感到些许的不安。由于老公经常不在家，小尘晚上回来没事就打开电脑上网，有一天晓尘进了一个聊天室，遇到了一个网友，两人一聊倾心。晓尘竟感觉自己又重新开始恋爱了，而且迷上了这种恋爱的感觉，随着日子慢慢的度过，两个人的话语越来越暧昧，简直到了无话不谈的地步，终于有一天两个人按耐不住各自的激情，在网上模拟起了性爱生活，以解相思之苦，而且就此一发不可收拾，晓尘竟深深地迷恋上了这种感觉，甚至到了一日不见，就要发疯的地步。直到老公出差回家的那一天，晓尘竟对着床上的老公提不起一点兴趣，脑海里都是他网友的样子，但是现实的无奈，使晓尘始终不敢再跨出一步，可是她又无法面对自己的老公，因为她对她的老公竟提不起一点性趣，她真不知道这样的日子到底能走多远？是不是自己真的对老公要一辈子冷淡下去呢？

其实，大多数的时候，由于婚后生活的平淡琐碎，使很多家庭步入无性婚姻状态。这其中的主要因素就是双方缺少一份激情，而由于缺少这份激情而引发的无性婚姻，使夫妻两人都存在着一种隐性性压抑，于是出现了许多的网络虚拟性爱。而这种虚拟的性爱对婚后女人来说却是致命的，因为女人毕竟是感觉动物，这种梦幻的东西有时候对于女人来说像真的一样，女人往往只是需要一种感觉，而这种虚拟竟满足了女人的感觉需要，于是沉迷于此而不能自拔。一个女人要是满足于另一种方式的爱，就会对其他的爱提不起性趣，而这正是女人的可悲之处。所以女人啊，不要沉迷于一些虚拟的东西，那会毁掉你的幸福。你说呢？

在暧昧的边缘你能走多远?

现在流行一种感情叫暧昧，它介于友情与爱情之间，我们彼此说着暧昧的话语，去不敢跨越彼此的距离，因为我们知道往前一步或许是天堂也或许是地狱，所以我们小心翼翼的维护着这种感觉，生怕一不小心就走进爱情的陷阱。在道德与伦理之间，我们最终选择暧昧作为我们的关系，但是，我不知道游走于暧昧边缘的我到底能走多远?

暧昧流行于各种人们之间，对于结婚的或是没有结婚的，这种感觉都有着致命的诱惑。它时而如温泉温暖你的心，时而如幻想挑战你的思想，让你既兴奋又矛盾。

场景一・A坐在电脑前面对对方发过来的信息：宝贝，我好想你！A感到一阵心跳，反问：怎么想的？对方发过一个心跳的图标：你听听我的心跳！ ~~~

每晚A都坐在电脑前和从未谋面的网友，进行着暧昧的话语，仿佛只有这样才可以舒缓自己那颗寂寞的心灵。但是，A不知道自己究竟在暧昧的边缘能走多远？会不会冒着危险最终打破这种暧昧的结局呢?

场景二・早晨，B早早的来到办公室，忙整理自己的办公桌，却发现桌子上放了一张纸条：今晚请你吃饭。原来是对桌递过来的，B 感到一阵慌乱。两人平时虽说不怎么说话，但是总是在有意无意间交流着各自的眼神，虽然 B 知道他早已结婚，但是每次面对他暧昧的眼神，竟也每次回递给他。B 不知道这到底是一种什么样的感觉，会不会在答应他吃饭以后，这种暧昧的感觉彻底消失呢？

其实，很多时候我们总以为自己会战胜暧昧的诱惑，但是毕竟我们都是凡人，几乎没有一个人会抑制住自己不断前进的脚步。于是，有许多人发出这样的感慨：为什么要找个红颜与蓝颜这么难呢？归根结底就是我们可以暧昧，但是不可以靠近。因为太近的距离，会使我们最终打破暧昧的关系，而掉入爱情的陷阱。

迷走于婚外的浪漫会走多远？

总在寻找一种白头偕老的浪漫，总在寻找一份天长地久的爱情。可是在这世间有多少人真正可以达到那种天长地久的浪漫境界呢？大部分的人在寻找真正爱情的途中，不停地迷路、走失。所以说追求近乎完美的浪漫竟是一种奢求。

每每在碰得头破血流的时候，才真正明白自己有时候寻求的竟是一种神仙的梦境。可是明明知道这个道理，还是不停地有人去尝试。

试问：迷走于婚姻之外的浪漫到底能走多远?

大部分的婚外恋情都是有始无终，自始自终他们都像关在笼子里的两只小鸟，因为寂寞而相互依偎，相互倾诉。只为那无法排解的寂寞，殊不知终于有一天鸟笼突然掉在地上被打翻，受到惊吓的两只小鸟从笼中急急冲出飞走，从此各奔东西。

晚霞的婚外恋情也遭到了同样的结局，因为不满于婚内的平淡，晚霞终于把寂寞的触角伸到城外，她邂逅了同样不甘于寂寞的强。两颗寂寞的心终于走到了一起，靠着相互的慰籍而相互的取暖，也曾爱的死去活来，但大部分的时间沉寂于生活的平淡。只是因为寂寞才使两个人的心靠得很近。可是晚霞自始自终觉得强很陌生，毕竟两个人了解不深，相互间也没有任何承诺。在一个猝不及防的下午，强悄然离去，只给晚霞留下一个分手的短信，只因承受不了这份爱的沉重，只怕再交往下去会增加更大的伤害，只有逃走才是最好的结局。只是这份浪漫持续的时间如此之短，令晚霞伤心不已。

其实，在大部分的婚外恋中男人比女人逃得要快。基于男女生理心理因素的不同，男人更多的时候，只要得到了女人的性，在心理上就有了一种已经拥有了这个女人的感觉。而女人则不然，女人更多的时候是寻求一种感觉，一种浪漫的感觉，一种安全的感觉。而这种感觉比性要重要得多，所以说当两个人正式成为情人以后，男人比女人要逃得快，往往受伤最深的还是女人。因为大部分的女人始终也搞不明白刚刚还爱着她的男人，怎么突然就逃了呢?

当一个女人游离于婚外的时候，也无疑于偷食了鸦片。每当毒瘾发作的时候，都会痛不欲生。晚霞在经历了强的悄然离去后，每每情不自禁想去寻找他，都被自己克制住了，她真害怕有一天她会控制不住自己的脚步。

其实，女人啊！你应该想到的是一个真正爱你的男人是不会让她心爱的女人流泪的。逃避责任只是懦夫所为，他最爱的还是他自己。所以女人啊，不要为了一个虚幻的浪漫而毁了自己的一生，所有的天长地久都是等价浪漫的交换。

迷走于婚外的女人啊，停停你的脚步，为一个最爱你的男人守住浪漫才是最宝贵的选择。

女人该怎样面对偶遇的旧情人

曾经的我迷失在你爱的海洋里不能自拔，那种温情的暖意使我迷乱。当你不明所已的消失，当你绝情的转身离去，我心中的爱瞬间变成了恨！恨使我想剥夺你所有的幸福，从而填满你对我的伤害，我不能原谅你的无情，不能原谅你的一切，我心中只有恨，一直恨到心的最深处，一直恨到不想回忆过去……

当爱飘失，当爱消散，有多少女人为了爱而产生一种报复的情愫呢？爱是一把双刃剑，爱有多深，恨就有多深。有时候我们会为了爱而失去理智，也会为了恨而毁了自己的一生。可是，当我再度遇到你时，恨也无力，面对你熟悉而陌生的面孔，我的心只是一阵昏眩的伤痛。我只想逃，逃出你的视线，永远逃出你的世界……

那么女人应该怎样面对偶遇的旧情人呢？

· 当初彼此的伤害，使我们不可能再做知心朋友，只能做熟悉的陌生人，除非经过时间的洗涤，相互间早已没有了爱与恨的存在，那么我才能接受你的友谊。

· 再度偶然的相遇，我只会拿出我骄傲的神情，来应对你当时对我的不屑。让你感到失去你，并没有使我感到不快乐。相反，我活得很好。虽然这有点矫情，但是我的尊严不允许你再度践踏。

· 再度面对你温情的引诱，我只有断然的拒绝。虽说我的心中还存有爱，但是我更希望你用一定的时间来重新挽回我那破碎的心，而不是几句话就可以把我打动。无论你为当初的离去准备了多么堂皇的理由，我都不会再度失去判断，我需要时间来验证你对我的真情。

· 如果再度遇到你，而你又有了自己的妻子，却还对我暧昧有加，那么只会让我忆起你对我的伤害。面对你再一次的吻，我只会狠狠地在你的脖子上留下一个深深的吻痕，让你惊惶失措。

·如果再度遇到你，我也许会装作不认识，默然地与你擦肩而过，因为我始终无法原谅你曾经对我的伤害。

爱与恨在心中交织，一次感情的了结，使我成熟了许多，无论在何种情况下再次遇到你，我都会坦然面对。不过，最好不要让我再次遇到你，因为许多的往事我不想再提。爱过了，伤过了，我也要重新开始我的一生。

猫和老鼠的游戏，男人会陪你玩多久?

女人比男人更喜欢暧昧，没有实质行动的暧昧一直让女人很迷恋。而男人却是不同，男人喜欢有实质性的爱，没有性的爱总会让男人觉得遗憾。

今天好友来看我，突然问我：你受没受过感情的伤害？我答：几乎每个女人心底都有一个伤痕，只是有些事情总归会败在时间的轮回里。既然过去的事，我也不会再想，因为，对自己毫无意义！好友黯然：可是，我曾经却败在感情的伤害里，颓唐了好久，现在一想起来也是心痛！我问：怎么了？她答：没结婚的时候，有一个男人非常喜欢我，而我也挺喜欢他的。只是后来，由于许多的原因，我们没在一起。然后，各自组建了家庭。婚后，我们依旧联系，那时我单纯的要命，也很傻。只要自己有了苦恼，就喜欢跟他倾诉。而他也喜欢听我诉说，于是，我们越走越近。可是，突然有一天我发觉他对我进行了冷处理，突然的冷漠让我手足无措，这时我才发现自己竟然那么的爱他。于是，忍不住放弃了自己的矜持，跑去问他为什么突然不理我？而他也只是淡淡一笑：没什么，只是这几天有点事！于是，我们又恢复了以前的样子，照样暧昧却不敢向前一步。可是，不知什么时候，他就会对我进行冷处理，这让我很苦恼，他越是若即若离，我越发的爱他。直到有一天他疯狂地对我说：我受不了，我想得到你！我想拥有你！而我也只是轻轻的拒绝，因为我不敢迈出那一步，我怕上床以后我会失去一切。可是，自从那次拒绝以后，他就再也不理我了！这让我感到痛苦极了，我觉得自己仿佛受到了欺骗。于是，痛苦与徘徊一直伴随着我，原来所谓的感情是如此的脆弱！男人最终的目地无非就想和你上床，这让我走进了极端思维。于是，我一直痛苦着，把这份感情默默地埋在心里，因为，我受到了很大的伤害！五年过去了，我还没有死心，总觉得这是一种欺骗。于是，就在前一段时间，我又重新给他打了电话，而他又仿佛回到了从前。我们的游戏又重新开始，只是我不再那么的投入，因为，我要合理的利用他！爱仿佛不再那么重要，报复的快感一点点地吞噬着我的心，我依旧向他倾诉苦恼，依旧给他希望。只是，我不敢见他，我怕跨出那一步，我就会很快失去他。得不到的东西总是好的，我要让他一直想象着，只是不知道这样的暧昧会坚持多久？

其实，如果爱情变成了猫和老鼠的故事，那就没有了多大的意义。男人想用身体得到女人，想成全自己的终极愿望。而女人往往却只想得到男人的心，在暧昧的边缘一点点的成就心跳的感觉。于是，猫和老鼠的故事上演。在你我争斗的过程中，结局会很惨！

爱情是美好的，是不存在一点杂质的！如果惨杂了许多的杂质，那就不是真正的爱，那只是一场游戏而已！只是，不知道这样的游戏男人会陪你玩多久？到了末了，自己是否能够得到许多？女人始终是感性动物，在爱情面前再聪明的女人也会变得弱智。所以说，女人轻易不要拿自己的感情玩游戏！因为，这本身就是一场力量悬殊的较量，到时候会输的很惨！

出轨真有那么可怕吗?

昨晚朋友继续反馈好友失踪的消息，原来竟然跟着一个比自己小 16 岁的男孩私奔了！这真让人跌破眼镜，一个 36 岁的少妇跟着一个 20 岁的男孩私奔，而且少妇家里有房有车的，老公还是一等头面人物。少妇在别人印象里一直是温柔贤淑的，谁知道会有这么大的勇气呢？听完朋友的诉说，其实我挺佩服这个女人的，只是不知道她能不能有承担后果的能力呢？结果显而易见，家里老公直接提出离婚，而一无所有的小男人又未必给她承诺！这也许是一个残酷的结局，但是女人却无怨无悔了！

有时候真的感觉70后女人更疯狂，也许是太压抑了？还是太幸福了呢？由此而看出轨也没什么可怕的，这么贤惠的女人都能出轨，还有什么可怕的呢？

这就好比嫖妓，经历过的人觉得没什么，爱滋也没宣传的那么可怕。反而不去嫖的人感觉那就是世界末日一样。所以说，人只要踏出了第一步，所有的事都不再那么可怕。

30岁以后标志着什么？标志着安分守己？标志着成熟？那为什么还有那么多的人都在出轨进行中呢？难道出轨也是一种成熟的标志？想想确实可笑，有时候嘲笑别人的同时岂不是又在自嘲呢？

我们渴求幸福的最大表现方式就是：有一个美满幸福的家，有一个好的事业。而这都应该是而立之年必须完成的事！偏偏人生就是这么可笑！钱是有了，感情都在空虚了！试问一下：那些出轨的人就是因为家庭不幸福吗？回答是：NO! 我们来看一下出轨的男人吧，大部分出轨的男人都有一个幸福的家，贤惠的老婆，可爱的孩子！可是，偏偏他就是游离在婚外了，还美其名曰：寻找另一份爱，不想伤害家人，责任、事业、家庭、激情都得要，这样的人生才会圆满！再来看看出轨的女人吧，难道就是因为婚姻不幸福吗？这可不一定，家里有着三好男人、孩子也在可爱的笑，偏偏她就是出轨了！原因是什么？理由是什么？理由就是：找不到爱的方向了，婚姻太平淡了，所以游离了！而且是冒着一无所有的风险在游离。那我们能说这些人就是没有长大吗？就是不成熟吗？恰恰相反，出轨的男人和女人大部分都是事业有成的成熟人士！

由此看来，出轨并没那么可怕！随着人们生活水平的提高，随着各种诱惑与勾引的发生，不再惧怕的背后又会发生什么呢？

出轨以后，男人和女人都在想什么？

吸引、再吸引，男人和女人终于跨出了实质性的一步。灵与肉的结合让男人和女人都感觉很满足，整夜的缠绵，双方恨不能付出所有的能量来表达内心的爱恋。此时的男女真的忘记了所有的一切，爱也在欲望中升腾。天很快就亮了，女人望着熟睡中的男人突然有一种陌生感，女人心想：我们的爱到底会坚持多久？男人被女人的叹息惊醒，突然翻身继续和女人缠绵，女人仿佛又忘记了一切，这时仿佛只有激情的心跳才能掩饰住自己内心的不安。终于平静了，男人起身，冲澡穿衣。而女人也在准备着妆容。男人抽烟，继续看着这个让自己迷恋很久的女人，心想：下次还要见她吗？

出轨以后，男人和女人都在内心里产生了不同的想法。上床也许使爱情暂告一个段落，男人终于没有了神秘感，只有了肉体的快感。而女人心中却增加了一份依恋，也许女人真是滞后性动物，总是把身体交付出去的同时，也把心用了进去。

男人疲惫地回到家中，面对贤惠的妻子，突然有了一种内疚也带有一丝的紧张。男人终于决定先放一放这段感情，重新理一下自己的思路。这时的女人也带着一丝疲惫回到家中，面对着冷漠的老公和空空的房子，女人突然感到一丝落寞。女人继续回味着夜晚的疯狂，女人的心在犹豫：我到底是怎么了？为什么痴迷那种感觉呢？难道说对这个家真的没有爱了吗？

几天以后，女人突然想男人想的发疯，却不见男人的一个电话。女人的心一阵慌乱：难道这种爱真的坚持不了多久？女人终于忍不住给男人打了一个电话，而男人的声音只是冷冷的，女人的心凉了，胡乱说了几句就挂了电话。女人突然感到很伤感：为什么所谓的爱这么的残酷？难道真的是自己看走了眼？他怎么没有了从前的热情？女人真的苦恼极了。于是，又打电话质问：你到底怎么了？为什么这么冷冷的？男人笑：没什么啊，只是这几天忙！女人再次失落：那什么时候可以看见你？我想你了！男人：忙过这几天再说吧！女人默默地放下电话，心里失落极了。女人真的很怕男人说忙，女人也不知道自己究竟有多少的耐心来等待这份爱的结果。那边的男人同样在想：我是不是还要继续下去呢？终于男人也按耐不住内心的欲望，再次去见女人。于是，缠绵又一次开始，重复着以前的重复。

终于有一天，男人突然感觉很累，疲惫的心想到了家的温暖。而这时的女人却被男人偷去了灵魂，家再也留不住她的心。女人的心一天比一天贪，终于有一天女人想得到男人的所有，包括一个婚姻的承诺。于是，女人忍不住说出了自己内心的想法。男人呆了，愣愣的。随后男人轻轻搂了一下女人：让我再想想，毕竟她在我最困难的时候就跟了我，我不能那么没良心，我不可能离婚的。女人无奈地笑：那就当我没说。可是从此以后，女人却发觉男人越来越冷，直到有一天彻底逃跑。至此，女人终于明白，没有氧气的爱，终会窒息死掉。

在现在这个情感多变的年代里，人们有时候真的不敢确定自己的感情。男人和女人总是在想：为什么会在错的时间遇到对的人，而双方却没有能力来承担这份爱的责任呢？其实，婚外情也只不过是被打过折的爱，双方都没在其中投入过多的感情，人们总是被其中的潜规则所打倒，爱情也由此变得不再纯粹！而没有阳光照耀的爱，怎么能够长久呢？男人和女人毕竟都在其中惨杂了太多的杂念和欲望，以至于所谓的爱情很快就会夭折，只留痴情男女空叹息而已！

寂寞，是女人出轨的借口吗?

人是最害怕寂寞的动物，尤其是婚后的女人。当婚后的生活归于平淡，当发现嫁的人不是自己原先想的那么美好，当婚姻只是靠责任来维持时，寂寞会不期而至。当寂寞在一个婚后女人心中无限止的蔓延时，她能阻挡住另一场爱情吗?

爱情总是在一个人最寂寞的时候，侵入最快。面对诱惑时，一个女人的心的承受力能有多大呢? 所以说，当一个女人出轨时，寂寞就成了最大的理由。

可是出轨以后，真能减轻内心的寂寞吗? 出轨的爱，往往没有结果，那种时刻想与情人厮守，可是有实现不了的爱，会让人尝透相思的苦。那种面对老公时的愧疚，也会让心受到道义的折磨。面对双重的折磨，又不敢向人诉说，这种寂寞是不是比原先的寂寞更深呢? 可是有时候人往往控制不了自己的感情，就像明明知道酒喝多了会醉，可是有时候却想喝醉，不管喝醉以后受到的折磨有多大。心有时候也一样，明明知道有些爱是没有结果的，可是却抑制不住地去爱，不管爱过以后，心会加倍的受折磨。这正是许多出轨女人所不能面对的伤痛。

正所谓借酒消愁，愁更愁！心也一样，出了轨的心会更寂寞。

爱是没有理由的，它会让一个人迷失自己，尤其是喜欢追求完美的女人。但是一次出轨的爱情，会让她的心更寂寞。我们要知道爱是没有完美的，都是有缺陷的，不要让我们的心再次掉入寂寞的陷阱。

婚后女人应不应该再为爱情冒一次险?

当婚姻趋于平淡，当两个人的手握在一起再也感觉不到往日的心跳，当同一屋檐下的两个人变得如此的陌生，当床上的激情已变成一种例行公事，当你的吻已让我感到厌烦。我的心在怀疑：爱哪去了？我的爱到底哪去了？为什么在许多年以后我又对爱产生了迷茫，我到底怎么了？我是否应该再为爱情冒一次险呢？

为什么婚姻使许多的女人越来越寂寞，越来越困惑，处于两难的女人们啊！该向前呢？还是原地不动呢？当婚姻走过 10 年，女人们变得不再那么年轻，但是内心对爱情的渴望却重新燃起。许多的女人都在困惑，为什么当初的爱没有了？难道当初的选择只是一种错误？随着时间的推移，女人们才发觉陪伴自己走过这些年的伴侣并不适合自己，双方的互不理解使双方压抑。再怎么样的努力也使自己爱不起来了，这真是一种无奈。面对这种困惑是向前呢？还是观望呢？

过了三十岁的女人，始终没有了许多小女孩的勇敢，来自社会，来自家庭责任的束缚，使女人们对于爱情可望而不可及。爱情仿佛离着很远又仿佛很近，但是谁也不敢轻易跨出这一步。毕竟一个家庭的组建付出了自己许多的心血，往前一步也许是天堂也许是地狱，谁也不敢保证自己的选择到底是对还是错！人生最美好的时光已过去大半，谁也不敢再拿自己的幸福重新下赌注，因为大多数的婚后女人都已经输不起，怕错走一步，就会失去原有的一切。但是，心又不甘，所以徘徊观望。于是，中国出现了许多的责任婚姻，处在责任婚姻的许多女人啊，幸不幸福只有自己知道。曾有许多的外国人嘲笑中国人的婚姻观，总觉得中国人是为了别人活了一辈子，是为了责任而活了一辈子。是啊，许多的女人在责任婚姻里挣扎、彷徨。直到自己终于老去，才对爱情死了心，却对亲情充满了希望。在这里面失去了的是爱情，却得到了亲情！有时候想想也觉得可笑，早知道结果是这样，那么又何必结婚呢？这和自己的兄弟生活在一起又有什么区别呢？大概只是偶尔多了几次不和谐的性生活罢了！那么，婚后的女人到底应不应该再为爱情冒次险呢？

本人认为如果婚姻中确实没有了爱的成分，那么也应该考虑一下自己的后路。你可以换位进行一下思考，如果自己真的能够找到一份更好的爱，那么就没必要再委屈自己。如果，对于婚姻只是一种厌倦，那么这也是婚姻的必经之路，因为不可能每一个事物都保持在一个高峰期，对于婚姻也是如此。婚姻在走到十年以后，必定有一个低潮期，慢慢地就会回暖。总之，如果没有一份更好的爱摆在面前，就不要轻易跨出你的脚步，毕竟我们已不再年轻，再也受不了太大的打击。如果你勇敢的跨出了，不论结果怎么样，都不要后悔，因为人生没有那么完美。有缺憾的人生才是真正的人生，你说呢？

女人出轨后，到底需要什么？

J 拖着疲惫的身子回家，她不知道这段婚外情到底给她留下了什么？突然感觉很茫然，是对这段感情的留恋，还是对这段感情的憎恨呢？J 终于明白，原来一切都被潜规则，婚外的花最终会枯萎。

很多女人在出轨之后，茫然了！竟然不知道自己到底需要什么？也许，原来的目标很明确，可是，一段感情过后，女人终于察觉一切都不如想象中那么美好，婚外几乎没有快乐，只有不停地苦楚和迷茫。

一、爱的迷茫

原以为找到了爱，所以全心地投入，岂不知到了最后，还是一场空。原来，爱是要求回报的，要求索取的。曾以为自己那么伟大，可以不去索取他的温暖，岂不知越陷越深，最终迷茫在爱的陷阱里。当女人真正感到迷茫的时候，也是由不爱走到爱的犹豫期。正因为女人喜欢把习惯当做爱，当女人慢慢地习惯了一个男人的温柔，就感觉好像是爱了，一直到男人的忽冷忽热进而引起女人的征服欲，彻底把自己陷了进去。正所谓男人越远，女人越近。岂不知是女人自己忘记了游戏规则，愣愣地把这一场游戏当做爱，进而陷入爱的迷茫中。

二、性的迷茫

经过了婚姻的平淡期，女人曾以为自己不再需要性。那为什么在看到他的第一眼起，女人重新燃起了欲望？与其说是男人独特的个性吸引了女人，不如说是一种性吸引。婚外情不可否认性的存在，没有了性的存在，再妖娆的精神之恋也是毁于想象。只因我们都不能坚守，暧昧的最终目的地就是性。只是，我们不敢承认这种赤裸裸。于是，女人出轨以后开始陷入性的迷茫中，既放纵着自己，又时刻的忏悔。只因，很多时候女人的性和情挂钩，无论你们是从性开始，还是从情开始，到了最后，女人终会怀疑这是不是一场性的游戏？

三、钱的迷茫

出轨前，女人曾以为物质不是那么重要，一直到出轨以后，女人才发觉自己还是需要一个物质男。这种物质不仅仅是一种安全感，更是一种内心的欲望。小白脸始终不能赢得女人的内心，尤其是婚后的女人对于男人的感觉首先是稳重大气，而这需要什么来做支撑？那就是钱，钱是男人的肾，直到有一天女人终于发现自己也不能免俗，在内心里还是渴求一种由物质堆积起来的浪漫。当最终发觉这个婚外男人归于小气，女人也会怀疑这场爱恋，陷入钱的迷茫中。

其实，不难看出女人出轨后，既需要男人的大气，又需要男人的爱情。原来，出轨后的女人追求的是一种完美，而这种完美最终毁于昙花一现。只因，男人都是有缺陷的，而你只需要一段恋爱的心跳而已。

女人出轨，点燃了身体，还是点燃了爱情？

爱在瞬间使人迷茫，尤其处在婚姻城堡里的女人们，有时候面对感情的漂移突然觉得到底是什么使自己如此地疯狂？难道说仅仅是一次偶然的艳遇使自己的爱重新复燃？还是身体里的欲望在作祟？迷走于城外的女人啊，内心一直充满着困惑，到底是因为什么使自己如此的迷失了自我？

在这个世界里，女人的出轨仿佛比男人越轨更让人感到唾弃！这个世界能容忍男人包个二奶，却不能容忍女人一次偶然的出轨，世界就是这么残酷！人人往往都在纳闷：为什么现在这么多的女人也迷走于婚外呢？难道仅仅是寂寞惹的祸？

曾听过一个网友这么跟我说：现在的社会，男人们追求高品味的女人，而女人们追求高质量的婚姻。所以，惹得许多的婚后男女一直不满意伴侣的不完美。在这个社会里，物质提高了，人们对于精神的要求也越来越高，只要夫妻双方的一方原地不动，另一方就会感到厌烦，觉得在任何角度上都不再般配，进而想找到更符合自己心理要求的配偶。这种思想不仅表现在男人身上，也很大程度上表现在了女人身上。因为，随着女人社会地位的提高，女人也不仅仅满足于家庭生活，更多的时候还是融进了这个社会的主体中。所以，女人对于爱的要求也提高到另一个层次面上。事业有成或是有魅力的女人也会迷走于婚姻之外，因为她们面对太多的诱惑。尤其在现在的很多婚外恋中，人们不仅仅追求身体上的欲求，更多时候还是想找到一个精神伴侣。

出轨不外乎分两种方式：一是精神出轨；二是身体出轨。而大多数的女人只要身体出轨了，那必然也包括精神上的出轨。介于生理上的需求，大多数的女人性和爱是分不开的，往往男人的爱终结在上床以后，而女人的爱却是在上床以后刚刚开始。这就是男女本质上的区别，所以，有时候面对婚外的恋情，女人常常会伤得很深。因为，一场爱恋下来，女人点燃的不仅仅是身体，更多的时候还是点燃了对爱情的想象。

许多迷走于婚外的女人都感到很困惑，一方面，不敢面对家庭的责任。另一方面，又抑止不住自己的脚步。女人的左右犹豫，使她深深地陷入了困惑当中。而许多的男人在这场爱恋中往往表现很理智，他知道自己到底需要什么，他会权衡其中的厉害关系，更多的时候，他也只是想追求一种刺激而已。正因为这种心态，导致了许多女人不敢前行自己的脚步，所以游离于家庭和婚外之间。如果，在这其中有了这个男人鼓励的话语或是行动，那么我想很多的女人会毫不犹豫地为了所谓的爱情而献身。

爱情对于女人来说更多来源于想象，没有想象的支撑，爱情会失去它耀眼的光芒。所以，在这场出轨中，无论你点燃了身体，还是点燃了爱情！当爱走过，每个女人都会为自己的爱恋而伤心不已。毕竟，身体的点燃，也会引燃爱情的想象。

女人出轨以后要学会为自己买单！

这个世界太疯狂，没钱的时候想钱，有钱以后想爱。男人把情人当作了成功的标志，那么女人呢？女人把情人当成了什么？情感的安慰？偏偏这样的感情那么的不可靠，想要得到安慰的时候，男人早已逃之夭夭。只因没几个男人会为了你负责，这也是原本就不需要负责的爱，好像谁也不欠谁的。有几个已婚男人会为了一个已婚女人抛弃自己的家庭呢？反正我见过的很少，当饭桌上成功男人们大谈着自己的小三时，或多或少间感到无奈！很多时候，男人会为了那些女孩来买单，却不会为了一个已婚女人来买单，所以，女人出轨以后要学会为自己买单，如果没有买单的能力，还是放慢你的脚步，免得把自己置于尴尬之地。

这个社会就是如此的残酷，能允许男人包好几个奶，却不允许女人的脚步走出一步。当婚外情暴露的刹那间，有几个男人会原谅女人的不忠？我想几乎没有，所以当你踏出那一步的时候，就要为自己的尊严来买单，不要指望着男人会原谅你，事情暴露以后，应该平静地面对，不要祈求也不要后悔，只因为所有的祈求都会无果。与其践踏自己的尊严，不如平静地对待，这点你做好准备了吗？

婚外情原本就是一段见不得光的爱，尤其对于婚后女人来说，更是无奈。患得患失的情绪时常干扰着女人，女人既不想沉迷于这种爱中，又舍不得拔出自己的脚步，犹犹豫豫中连自己都不知道需要什么了？一边是家庭，一边是爱情，家里有着孩子的牵挂，外面有着激情的诱惑，一半冰山、一半火焰。女人的心时常被折磨着。女人明明知道男人不会娶了她，还是沉迷于其中，女人既对着男人说不要名分，又渴望着男人真能娶了她。面对着男人忽冷忽热的感情，女人的心也是忽冷忽热，刹那间，女人终于明白这只不过是一场掩耳盗铃的爱，与其说是爱他，不如说爱这份感觉。既然爱上的是这份感觉，你学会为这份感觉买单了吗？当他逃跑的时候，你学会面对了吗？如果没有学会，注定要在这份爱里受伤。

面对婚外情时，女人受到的伤害往往比男人大。这是因为女人很容易沉迷于一种感觉，时间久了，就会形成依赖，原本不是爱也被想象成爱，当男人突然逃跑时，女人感到了欺骗。其实，谁也没骗谁，这原本就是一场掩耳盗铃的爱，我们要的只是心跳，而不是责任。当你把责任强加的时候，这份爱早已变了味道，变了质的爱，除了累，还有什么？而你学会为这份累买单了吗？

虽说现在男女平等了，但在男人的观念里还是没有平等，男人总有至高无上的面子，当事态暴露的时候，男人选择的是尊严，而你呢？当你苦苦哀求的时候，你学会为自己的尊严买单了吗？既然做了为什么还要求着男人来施舍？关键是男人根本就不会在乎你的祈求，所以还是学会为自己的尊严买单吧！这一点男人比女人要做的洒脱。出轨的女人们要面对双重的买单，而你准备好了吗？如果没有这个买单的能力，还是放慢你的脚步吧。

男人能容忍女人偷情到何种程度?

爱不如偷，偷或是不如抢吧！偷情对于男人而言就好比被别的男人抢走了尊严，而尊严和面子比爱更重要！

今天，从济南回来的车上正在放映一个关于偷情的影片。影片讲述的是一个成功的男人忽略了妻子的感受，以至于平时那么严谨的妻子竟然被别的男人诱惑。一个无意的机会，男人得知妻子被诱惑，曾经那么有条理的思维瞬间被击垮，发疯的状态连同事都不可理喻。男人于是想见识一下诱惑自己妻子的男人，一直跟踪到两人，与此展开了一场闹剧。男人扮作警察把妻子关在审讯室问话，男人问：你爱你丈夫吗？女人：爱，很爱！男人：那为什么还要被别的男人诱惑？女人：生活太平淡了，我想要一种刺激！男人颤颤地问：你跟他上过床没有？女人怒：没有，没有！男人质疑，却略微松了一口气。

也许，女人能够容忍男人的身体出轨，可是，男人却绝对不能容忍女人的身体出轨。这和爱无关！无论男人曾经多么爱这个女子，却崩溃在她背叛的刹那间。妻子的身体出轨对男人有着致命的打击，男人或许能容忍情人和女友的背叛，却绝对不能容忍妻子的背叛。也许，妻子是更属于自己的东西吧！没有比这个打击更沉重的了！于是，男人开始发疯，开始失去理智抛弃现有的一切，包括重新开始。而正是这种重创往往造就了男人的成功。男人从来不认为自己比别人差，只是认为机遇不好，妻子的出轨也许正是激发了这种动力，以至于迈向事业的成功。可是，男人终究不会感激这个让自己蒙羞的女人，他甚至希望她会下地狱。女人却也在感叹：为什么离开了他，他却如此地发达？

偷情对于男人和女人的态度往往不同，结果也就不同。大部分的男人绝不允许女人的身体出轨，他宁愿相信女人还在爱着他，而身体是最好的证明。女人却往往正相反，女人或许能容忍男人的身体出轨，却不能忍受男人爱上别的女人。这种观念的差别导致男人和女人对于偷情后果处理的不同。偷情败露后，女人更多的选择了包容，而男人却在意女人到底偷到了何种程度，到底跟别人上过床没有，如果上过一切都无法挽回，只有分手的份了！所以，很多时候女人不要傻到什么事都承认，甚至包括以前的旧情，那不仅仅会失去男人也会叫男人永远地恨你。在这一点上，男人倒是希望被骗而不愿面对所有的真相。而女人亦不是如此呢？还是守紧自己的嘴巴最好！

chapter 07

第七章　当离婚来敲门

如今，离婚如一种常见病，仿佛人们早已习惯并有了免疫力。太多人还不懂婚姻该怎样经营时，就因一点琐事赌气离婚。反正不合适就不勉强，反正不能委屈自己一辈子，等等理由一箩筐。其实，不管离婚时如何决绝，这件事对于当事人甚至双方家庭都是痛苦的。因此，如果不得不面对离婚时，你需要不跟风、不偏激、不情绪化。

当离婚成为一种流行病，该怎么办？

当70后的女人正在为了七年之痒或是十年之痛而徘徊的时候，80后早就实施了快刀斩乱麻！见惯了婚姻的分分合合，依旧为80后的草率而吃惊。结婚一年，或是半年，或是3个月，甚至刚刚有了小孩之后，80后就选择果断地结束。理由往往就是：我们不能为了适履而削足，假设婚姻是鞋子，如果不合脚，那么也只有扔掉。于是，80后的果断比70后来的干脆得多，问题是早早解决了，可是，离婚后的他们却越来越不自信，越来越不相信爱情，甚至又一次草率地踏入婚姻。

当人们正在为各种情感而苦恼的时候，我们是否研究了一下自身的问题呢？70后大多抱怨着婚姻的无趣，却也为了一些所谓的责任而坚持，只因时代不同，考虑问题的方式也不同。当现在的离婚已经成为一种时尚，当问及离婚早已不再觉得害羞，那么坚强的外表下是否隐藏着一颗脆弱的心呢？眼见着别人回答：我是一个离婚的女人！那种回答的坦然与干脆，连自己都不得不感到佩服，我想我是没有这个勇气的。假设，我如果离婚的话，当别人问及婚姻，我会不由得回避，这也许就是现在人的坦然与干脆才使婚姻变得无所顾忌。

登记处再次排满了想步入围城的人们，公证员们忙碌地公证着各自的财产。女人大胆地表白着自己的心情：财产必须公证，万一哪一天分手了，也省得那么麻烦。看着愕然，也不知道是为他们祝福，还是为他们祈祷。结婚前先想到怎么去离婚，也许是现代人的一个通病，也是现代人对感情的怀疑。记得，我那时去登记，只想着一辈子，哪敢往离婚上想，靠都没敢靠，什么财产公证啊！连一点点的公证都觉得是耻辱，才10年的功夫，什么都需要公证了！钱是牢靠了，感情却越来越不牢靠了。轻易结婚，轻易离婚，都成了一个流行趋势。没有孩子还好说，有了孩子呢？尤其看着那些80后不仅仅要一个孩子，还得去要二胎，看着襁褓里的婴儿，有时候真的怀疑她们能否为了孩子而负责！难道，离婚后孩子也好分配，正好一人一个？

当离婚成了一种流行病，当身边离婚的朋友越来越多，不仅仅为了婚姻的脆弱而感到怀疑。那么到底是婚姻脆弱了？还是我们脆弱了呢？难道婚姻真的是爱情的坟墓？随着生活水平的越来越高，人们对情感的需求也越来越大，不仅仅要求婚姻是富有质量的，而且还必须有激情。试想一下，这可能吗？如果婚姻和爱情划等号，那么也许我们永远也不会老。问题的关键是随着时间在走，我们会慢慢地变老。那么爱情呢？我想随着时间在走，爱情也会慢慢地改变，变得平稳而淡定，这才是婚姻的最终结果。如果，婚姻一直如初生的爱情一样，永远地富有激情和心跳，那岂不是天方夜谭？所有的事物都会慢慢变老，由激情变为平淡。一味过高的要求婚姻，或是拿着游戏的态度来对待婚姻，那样的婚姻不会长久。很多时候，草率地解决问题，不一定就是好事，也许，一部分人为此而解脱，但是，大部分的人却因此而失去了许多。

婚姻真的需要一个支点，如果定位太高，我们就要耗费很大的能量来维持这个支点，长此以往，累会使我们失去对婚姻的兴趣，从而选择逃离。如果我们的初定位低一些，那么我们就会很轻易地发现婚姻的好，于是，不断地投入，不断地付出，最终会结出丰硕的果实。

婚姻真的不是儿戏，那不仅仅是一张凭据，更多的时候包含着爱情，还有更多的亲情。当离婚成为一种流行病的时候，我们要做的就是认真选择，慎重选择。走捷径很多时候并一定除根，只会让我们的身体越来越弱。

离婚请给自己三个理由！

结婚需要理由吗？我想是的，至少有一个理由来让我冲动！或是爱情、或是安全感、亦或是金钱！那么，离婚呢？离婚到底需不需要理由？曾有朋友问我：如果你离婚了，会不会再想起他的好？我说：会的，毕竟这么多年一起走过！朋友：那你离不了，你有着留恋！我茫然：或许吧！离婚真的要给自己三个理由，最起码也得一个！

一、爱情

在婚姻里谈起爱很傻，可是，面对离婚的结局是真的不爱了吗？如果不爱为何会有不舍？如果不爱为何在走向离婚的途中会发觉他的一丝颓废？为何会提示他的衣服竟然会有个破洞？为何会暂时迷茫？爱真的会让人迷茫，可是，现实照样会让人忘记爱的存在。离婚的刹那间，是否真的问一下内心：到底爱还是不爱？是不是被琐事蒙住了爱的眼？

二、亲情

亲情也许是永远不可割舍的牵挂，面对孩子无辜的眼神，面对孩子哭着说“你俩我谁都要”，那一刻，心真的会很疼。这一刻，真的要问问自己是不是对孩子毫无割舍？早已习惯了回家看到孩子的脸，早已习惯了彼此的吵闹和快乐，早已习惯了睡觉和吃饭，这到底是什么？亲情是不是岁月的积累，原来，心痛的是这许多年的积累。痛苦与快乐的积累！

三、安全感

安全感是女人的第六感，婚姻大多给了女人许多的安全感。当面对这一切的失去，当一切都要从头开始，安全感随之丧失。离婚给了女人最大的震荡，无论你多么坚强，可是，依旧失落得一塌糊涂。

离婚真的需要理由吗？我想：是的！先静下心想一下：为何还有爱的存在？为何还有亲情的割舍？为何有着不安全的感觉？我想：如果过不了这其中任何一关，就要考虑一下冲动的结果会不会让自己心存遗憾？当离婚公证员最终说：好了，限期 30 天考虑，然后再决定离还是不离！那一刻，是解脱？还是重新再考虑？离婚真的要给自己三个理由！

离婚过渡期，女人都在做什么？

最近“情人门”火的一塌糊涂。也许，人人都有一种阴暗的心理吧？我们是否在别人的痛苦中得到所谓的快乐呢？我想：是的，快乐往往建立在别人的痛苦之上。当我们正在热切地盼望着伍兹下一次情人出现的时候，网上继续爆料伍兹老婆要与之离婚的新闻！

其实，这何止想象呢？换到任何一个有骨气的女人身上都要弃之而后快。想一下，这种背叛该有多大的冲击力啊？尤其是一次次地爆料，又有几个女人能够泰然自若呢？何况离婚对于伍兹的老婆来说既能分到一大笔的钱，又能挽回自己的尊严！这又何乐而不为呢？所以，虽然伍兹在球场上做出让步，伍兹老婆仍然在准备着离婚事宜吧？

就像我的一个朋友一样，出轨老公突然向朋友下达了离婚起诉书。在那一刻，朋友呆住了！朋友怎么也没想到：出轨男人竟然这么招摇，愤怒之下恨不能杀之而后快。冷静过后，朋友看了看孩子哭泣的脸，决定找人说和来挽救这场婚姻。可是，最终却毁于法院的第一次开庭中，男人那冷漠的脸令朋友好一个心寒。好在法院不判离，半年内不能再起诉离婚。在这以后的日子里，朋友哭过、痛苦过。终于，醒悟在某一天，决定要打一场漂亮的离婚战役，最起码要弄到手里的房子。于是，朋友开始重新入职场，在慢慢地找律师等待着下一次的离婚开庭。

其实，很多女人在离婚过渡期由绝望变得异常冷静，那种冷静很可怕，她要让背叛婚姻的男人失去一些东西，这方面包括：

财产和孩子。于是，找证据、找律师成了主调。虽然，表面上似乎风平浪静，其实，早就刀光剑影。也许，女人狠起来比男人要厉害的多。只因，女人往往在婚姻里付出的太多，也渴望得到的太多。所以，当一方背叛时真想让他一无所有。

随着女人地位的越来越高，很多女人也懂得了怎么保护好自己的权益和尊严。也许，只有懦夫还在哭泣吧？离婚过渡期使女人变得更加的坚强，仿佛有一种力量在支撑着她前行，一直到彻底完胜。所以，很多女人在胜利打完离婚战役后，往往身心疲惫，紧绷的神经突然松弛，竟然开始怀疑自己的人生。而这也没什么，人的正常反应而已，时间将会是最好的药，它会抚平一切，直到慢慢地消失。

女人面对离婚时应具有的四种态度！

总觉得不爱时，男人比女人要绝情得多，而离婚更是如此。就如前几天看到的一篇文字一样，《女人为啥要裸婚，该要钱时就要钱》。感觉挺对的，女人最灿烂的时光在 20~26 岁，而把这么美好的青春都交付给了婚姻，为啥要裸婚？大多时候，岁月会使女人贬值、男人增值。当你眼见着一个穷男人经过婚姻的历练变得那么优秀，却要在你失去青春之际说不爱了！这不是一种嘲笑，又能是什么呢？所以，为什么要谈裸婚？该要钱时就得要钱。而面对离婚更是如此，为什么要裸离？该要钱时就得要钱。在这时候谈钱不是俗气，而是解气！

朋友今天又接到负心男第二次的离婚起诉，感到特无奈。我气愤地说：他都要抛弃你了，而且一点的钱也不准备留给你，你不比他更狠，就得被他欺负死。

态度一：宁做泼妇，不做怨妇。

记得，以前写过这个观点，面对离婚时，宁做泼妇不做怨妇。抱怨只会使自己处于弱势，不但不会让男人同情你，更会瞧不起你。所以，当他绝情地抛弃你时，而且并不准备给你留下经济补偿，那么，你还在那等待什么呢？难道上天会可怜你？上天不会同情弱者的，尤其在这个弱肉强食的年代里，他比你狠，你就得比他毒。我就不信你都快一无所有了，他还不在乎他的命？

态度二：斤斤计较。

离婚不是粗心的时刻，斤斤计较用在这里一点也不过分。当一个男人绝情地对你时，我想应该一点点的钱都不要让他拿走。虽然，有的时候男人也会大发善心，可是，大多数的时候，男人比女人还会算账，所以，趁着还能算账的时候，就去仔细地算一下这些年来的得到与失去。或许，很多时候斤斤计较也是留恋的一种借口吧？

态度三：潇洒面对，从容不迫！

虽然离婚会给我们造成很多的创伤，可是，面对分手依旧应该具有潇洒的态度。这个世界，独独不缺两条腿的男人，虽然他抛弃了你，可是，终究会有另一个男人在等着你。面对男人的狠心，我们依旧要从容的笑，笑虽然很难，但我想你能做到，与其让他看到你哭泣的脸，不如笑着面对。微笑更能显示一个女人的淡定，也正好去击垮他的心虚。

态度四：该要补偿就要补偿。

我就纳闷面对男人的背叛，为什么女人就该沉默，为什么不去要自己的青春损失费？难道不要就显示了你的高尚与优雅，我想更多的时候怕是被别人笑成软弱吧？现实生活中也不允许我们傻到什么都要失去，所以，该要补偿就要补偿。补偿并不是可耻，而是自己应该得到的东西。我是不会放弃自己的东西，除非我心情好去送人。而对于离婚我想对每一个女人来说不会心情太好吧？除非是你抛弃了他，如果不是，那么该要补偿就要补偿！

婚姻中精神破产了，要不要物质补偿?

前几天看到这样一句话：“当男人外遇之心不可挽回时，真的女人，敢于直面惨淡的婚姻，敢于正视残冷的分离。不如静下心，多争取些钱，免得精神物质双双破产，千万不要意气用事，两手空空地从婚姻的城堡里落荒而逃，这简直就是连败两场。”

其实，婚姻中不仅包括精神还包括物质，爱情可以没有面包，但是婚姻却是不行，更多的时候，婚姻是与柴米油盐在打交道，俗话说：钱是身外之物，可是没有却万万不行。毕竟，我们都是俗人，不是神仙。谈钱虽俗，但是必须得谈！

当爱已不在，当他彻底弃你而去，许多女人却是选择了哭泣，选择了抱怨。这其实是最不明智的做法，因为有时候道德在爱的面前也会失去作用，爱使一切都变得那么渺小，正因为这个道理，才使得他感到一点也不心亏，所以，女人啊，不要傻傻的幻想他会可怜你，会和你重归于好。面对他的冷漠，你也只能承认既定的现实，因为失去了爱的婚姻也如同一具行尸走肉，腐烂而麻木，也会使你深深受害，更多的时候，我们既要学会牵手也要学会放手。

昨晚再一次走进 QQ 群里，大家依旧为一个抛弃妻子和孩子的男人而生气。而这个女人依旧抱怨着，依旧重复着这个男人的残忍。言语中既怨恨着，又怀念着。总觉得他的男人不应该这样，不应该这么残忍。呵呵，这很无奈，因为我无意中听到她多次的抱怨话语。而这次更甚，竟然把自己的故事帖到了论坛里，引起了大家的轰动。我感到很惊奇，故而问她：为什么要这么做？难道一点也没有考虑到孩子的感受吗？这将置3个孩子于何地呢？她答：我只是想用舆论的唾沫压死他，我是爱孩子的。吾辈：与其在这抱怨着，不如多腾出点时间，为自己多找些证据，然后为自己争取到最大的利益。她答：我怎么去找呢？根本就找不到他出轨的证据！他以前都是付钱给我的，到了离婚的时候，却是拿不出孩子太多的抚养费，因为我根本就不知道他一个月挣多少钱，我们两地分居，他不怎么爱孩子，而我想全部抚养他们，只是想问他多要点抚养费，可是他就是不答应！吾答：有些事光想是不行的，得付诸于行动，你去查他的收入了吗？法律只讲究证据，而不是道德！离婚许多的时候更需要理性，如同打一场战役，没有周密的作战计划是不行的，放弃你的抱怨，承认既定的现实，保持清醒的头脑是最主要的。既然失去了精神，也要保住物质，以免落得两手空空。

面对一方的抛弃，女人更多的时候失去了应有的理智，哭闹、抱怨、怨恨都使女人发狂，独独忘记了该怎样去争取自己的利益。其实，在精神已经无法挽回的状态下，还是多争取些物质吧！不要老是像个怨妇一样不停地诉说，那只会影响了自己的形象，反而得不偿失。饶颖就是一个例子，被人抛弃以后，大揭对方地短处，结果伤人更伤己，不但没有得到应有的同情，反而让人感到厌烦。

总之，面对婚姻中精神上的破产，女人更应该学会在物质上挽回自己的损失！

离婚以后，女人都在想什么？

邻居A离婚已经两年了，最近一直忙着相亲，忙得不亦乐乎。想当初就因为老公的出轨而导致的婚姻破碎，至今在她的心里还留有阴影，这或许也是一辈子的阴影。前些天她还跟我说：昨晚又去见了一个男人，个子很高，但是有点粘，我可是不敢沾他，怕粘上摆脱不了。偶笑：你找个老公不是就希望他粘上你吗？怎么又怕被人粘呢？她答：男人没一个好东西，爱的时候就喜欢粘着你，等他不爱了，恨不能赶紧摆脱你！昨晚那个我看着一般，但是他对我很感兴趣，所以怕他粘上，不敢太靠近。偶笑：那就干脆放弃吧！她答：刚刚接触，还不舍得！只是最近我要和那个小伙子分手（和邻居同居2个月的单身男）。偶问：为什么看不好这个小伙子呢？她答：小伙子人长的还可以，就是没有事业心，钱挣的太少，以后怎么过日子呢？偶茫然：自从离婚以后，好友挑遍了男人，最多的感情也是坚持不到3个月，每一次都是好合好散，这和离婚以前的她截然不同，以前的邻居是一个对感情特专一的人，对于那些拿感情当游戏的人是万分的不屑。可是婚姻的巨变仿佛使她变成了另一个女人，这真无奈。

偶的一个同学离婚 1 年多了，最近刚刚复婚。记得前些日子她到店里来，还对我这样说：一个离婚的女人带着孩子真不容易，没离婚前总觉得离个婚有什么了不起。所以，故意的怠慢感情，离了婚才知道一份感情来之不易。一直以为两个人的爱没有了，可是离婚以后却常常想起他的好！所以说：只有失去的时候才知道什么叫珍惜，再说一个单亲家庭对孩子也不好，离婚以后孩子受到了很大的伤害，一直不怎么说话。过些日子我准备复婚，突然心里又没底了，怕自己再后悔。

婚姻对每个女人来说都是一件严肃的事情，不到万不得已，每个女人都不舍得放弃自己的婚姻。可是，面对对方的伤害而走出婚姻的女人变得不再相信感情，总觉得爱情只是一个缥缈的东西，于是，从此不想再付出自己的全心，免得再受伤害。对于那些因对婚姻要求完美而走出婚姻的女人，离了婚以后，却是能感觉到婚姻的好，以至于一直后悔当初的冲动，能重新牵手对她来说是一种万幸。但是，往往离了以后就很少有再回头的，因为对方也伤透了心，所以对于这些匆匆走出婚姻的女人来说，懊悔成了经常的事。只有一少部分的女人因为摆脱婚姻而感到快乐，可是快乐的表象下也掩埋着一颗受伤的心。

离了婚的女人不再那么相信纯精神的爱情，大多的时候还是惨杂了许多的物质需求。因为毕竟不是小女孩了，从而少了许多对于浪漫爱情的幻想，大多数的离婚女人还是想找到一个有经济基础的男人。这其中从而涉及到了许多的附加条件，比如：对方的工作，对方的孩子，对方的家庭状况（包括对方的父母、姐妹）。这些都属于考虑范围之内，因为遭遇了一次婚变就如同一个受惊的小鸟，怎么做都会觉得不安全。

总之，当爱不在，当婚姻走到尽头。每个女人心里都不会那么的好受，毕竟牵手一次不易。但是，面对离婚的结局，几乎每个女人还是选择了刚强，用自己的双手去创造着自己的生活。婚姻的失败使女人更懂得了美好生活要靠自己来创造，虽说平时也有许多的怨言，但是大多数的女人活得依旧精彩！

离婚以后，该嫁什么样的男人？

一转眼就到了初六，感觉还没有玩够，明天又得去工作，真是懒得不爱起床，今早一直睡到将近 10 点，才被电话铃吵醒，原来是好友约我吃饭，忙穿好衣服去见好友。见到好友满面笑容：怎么想起约我吃饭，最近没帅哥陪吗？好友笑：最近对帅哥不怎么感兴趣，烦着呢！我笑：怎么了？你和你的帅哥不是好好的吗？又怎么了？好友答：没怎么，只是这几天就准备甩了他！

好友离婚已经3年，曾经找过好几个男友，但是都不十分满意，其中最主要的原因就是钱。最近谈的这个男友长得还是可以，就是没什么钱。两人原来就是同学，一直是分分合合的。今天好友突然愤恨：这次怎么也得找个差不多的，最起码是出去吃饭不用我买单的男人！我笑：是啊，如果一个男人连女人的饭都管不起的话，还要这样的男人干什么呢？岁月再也经不起这样的浪费了。好友神色黯然：是的，我都多少岁了，这样的男人让我感觉太不安全了，我已经没有力气再去为生活奔波了，如果再找一个男人继续为生活奋斗的话，那还不如就这样单身反而好些。这个男人我认识很久了，除了没钱以外，其余的都无可挑剔。但是，我受不了每顿饭都是我花钱，而且难得他请我吃一次饭，还是快餐，你说我要他干什么？我没有能力养一个小白脸，每一次我都是犹犹豫豫，这一次怎么也受不了了！如果说光在一起谈谈恋爱还是可以接受的，但是我需要一个家，一个能给予我温暖的家。可是，他给不了。最起码在物质上给不了，我烦了。

女人离婚以后大多心理上都有一个阴影，前一段的婚姻都或多或少的给自己造成了一定的伤害。好友离婚的原因是因为前夫有了外遇，这个男人既没有钱又花心，让好友在物质上和精神上受到了双层打击。前一段婚姻也只是给她留下了一个女儿，直到现在还在外面租房子住，本以为找一个老实没钱的男人会有足够的安全感。可是，没有想到的是，没钱的男人比有钱男人还绝情，到了末了，好友两手空空，什么也没有得到！所以说，许多离婚的女人对男人都有一种物质的需求，最起码婚姻走到最后感情没有了，还可以剩下一些物质。毕竟许多的女人都是凡人，没有很多能力去养男人，这样会使女人有一种不安全的感觉。于是，许多的女人把赌注压在了物质基础上。这点最起码可以值得理解。因为，婚姻如果没有一定的物质作基础，所有的都是枉谈！古语说得好："贫贱夫妻百事哀"。事实也是如此，在现在这个物价飞涨的社会里，没有了物质作基础，又怎么去过日子呢？

其实，很多时候，金钱也是衡量一个男人的主要标准，一个男人如果不能赚钱，那说明他的社会适应能力会很差。这样的男人最起码是没有魄力的，是不会让女人感到安全的。所以说，女人离婚以后选男人，首先得看这个男人的物质基础，这和年轻的时候不同，年轻的时候是追求一种浪漫，追求这个男人的潜在能力。而离婚以后的女人早已过了那个浪漫阶段，把男人也早已看透，毕竟一个成功的男人会给自己带来一种优越感。其次要看这个男人的品质，钱只要差不多就可以了，但是，人品却是最主要的，试想一下：如果找一个有钱但是没有品位的暴发户在身边，怎么会受得了他那个骄横的气质呢？与其和这样的男人生活一天，还不如一个人过好，避免被气死。

其实，一个有责任心的男人是一个女人的最爱，这种责任心不仅仅表现在养家上，也表现在他的心理层次上，这样的男人时刻想着女人跟了他会不会给她带来最大的幸福。而不是那种自私的男人，那种男人把家当成了一个旅馆，不但不养家，而且还骄横成性。所以说，离婚以后的女人选男人要更慎重，毕竟岁月经不起我们的浪费。我的观点始终是这样的：宁缺勿滥！如果找不到好男人，最好不要将就，将就会使自己痛苦一生！

离婚男人有哪四大疯狂举动？

这个世界，离婚早已算不得什么大事。合得来就过、合不来就分。越来越多的现代人归于个性，针尖不让麦芒，一个个或是为了赌气，或是为了感情不和而拍手两散。岂不知过了混沌期，男人和女人依旧在心底留有不甘。离婚真成了心病，这不仅仅是女人感到难过，难道男人就不感到疯狂？

疯狂一：沉默期的爆发

当两个人由吵架最终走到分手，最初，男人还能用趾高气昂来面对一切。可是，随着离婚事实的展现，男人开始步入沉默期，这不仅仅是对这段感情生活的思考，更多的来源于茫然。很多刚刚走出法庭的男人都会步入沉默期，用沉默来抵抗大脑的亢奋.毕竟，这段婚姻的不快还是在心底留下了痕迹，任你是再坚强的男人也要用沉默来继续缓解。

疯狂二：放纵期的爆发

当男人慢慢从沉默中苏醒，就开始转为放纵。婚姻的失败令男人感到肚子里憋了一股火，这不仅仅是女人的背叛，或是自己的不爱，离婚后的阴影依旧存在。男人的狂妄自大在失败面前变得疯狂而竭斯底里。于是，纵酒、寻欢作乐成了男人放纵的理由。见过很多刚刚离婚不久的男人开始疯狂的四处找女人，并开始肆意炫耀自己的战果。恨不能领着新女人在前妻面前招摇，男人的自尊在疯狂中既孤独又得到宣泄。而这时的女人成了他报复的主要对象，也可以说只是上床对象吧？征服成了这个阶段的主色调!

疯狂三：失去安全感的爆发

都说女人是缺乏安全感的动物，离婚男人相对于女人来说有过之而无不及，一次婚姻的失败令男人开始重新审视女人，这不仅仅在金钱上开始审视，更在女人的道德品行上审视。男人既渴望着家的温暖，又害怕女人带不来安全感。于是，结婚与不结婚时常在离婚男人心中纠缠。我们很快会看到这样的两种极端，一是迅速的结婚，用来补偿这种安全感的丧失。二是不敢再踏进婚姻，怕了，怕再离一次婚，既损失钱、又浪费感情，索性做个单身一族又有什么不好？安全感的丧失真令男人左右为难！

疯狂四：自我否定的爆发

这个时代，其实男人比女人更恐惧离婚。婚姻对于大部分男人来说就是一个家，有了这个家就有一定的踏实感，所以，有了家的男人可以放心地做事业，正所谓：先成家后立业。虽然，婚姻渐渐地趋于稳定，男人也时常感到乏味。这时，婚外的诱惑逐渐增加，而大部分的男人还是遵守着规则办事。即：婚姻是责任和道德，而爱情只能是心跳，家内有花、家外有花才是男人的真正心思。所以，由此说来只要后院不起火，男人才不轻言离婚呢！离婚意味着钱财的损伤，离婚意味着再去奋斗。就此而看，大部分的离婚还是由女人先提出，真正离婚的事实摆在面前，男人开始了自我否定的爆发。这就是离婚男人再也不敢选花枝招展的女人做老婆的原因，只因，他深深地知道太有能力的女人是很难摆平的，而他也不想再浪费那个精力，实在太累了！

离婚到底对孩子有多伤害?

日前，朋友的离婚如火如荼地进行着。鉴于男方有了外遇，又反咬一口踹了朋友，这不仅让人愈加愤怒。好在两人法庭见，财产前都寸步不让！也许，对付出轨男人的最佳方式就是让其一无所有。在这一点上，我是支持朋友的，无论对方表现得多么嘴硬，也得撬了他的牙，拿出他的钱，免得人财两空。

离婚对于成年人来说不要紧，大多是痛一时，有了好的再结。就是苦了未成年的孩子。这不，前几日朋友的女儿闹情绪，突然就要休学。老师大惊，电话打到朋友那里，朋友晕，忙回家看孩子。孩子自己反锁在屋内就是不开门，好不容易劝开了门，劝之：你就是妈妈的希望，你不上学了，将来能做什么？孩子哭死不去，老师轮番做工作，好不容易找到突破口。孩子委屈地说：3 年前我就不想上学了！老师：为什么？孩子：因为我生在一个不幸的家庭！老师愕然：越是生在一个不幸的家庭，越要好好地学习，为你妈妈争气。咱班不止你一个孩子这样，这样的家庭有 9 个，你看 J 学习总是考第一，他也是跟着妈妈一个人过。离婚很正常，这是大人之间的问题，而你只需为了自己而努力！劝来劝去，孩子终于开了窍。朋友无奈地对我诉说！

晚饭时，跟妈妈说起此事，妈妈：孩子才是离婚最大的受害者，真不知道那些盲目离婚的人咋想的，当初生孩子的时候咋都抢着生呢？到了离婚的节骨眼上都不要孩子了！这不，村里也有个离婚的，2个孩子，正好不偏不向。男孩归了男方，女孩归了女方。一天，这个5岁的小男孩哭着给她妈妈打电话说：妈妈，你说想妈妈会不会想死？电话那一边的妈妈哭得死去活来，一个5岁的孩子说出此话，心中该受了多大的伤害啊！我始终不能理喻婚姻不稳定的情况下，你还要两个孩子干嘛？真是作孽了！

另一个离婚案例，两人育有一个男孩，结果到了法庭那一刻，谁也不要孩子，理由是男孩是个拖累。弄得法官很尴尬，不得已的情况下判给男方。一个无助的孩子就这么被大人推来推去的，在孩子的内心该是怎样的感受呢？

离婚时，大多男人都不要孩子，女人又迫于经济能力也是犹犹豫豫的！孩子在其中最尴尬！抛弃的滋味成人都受不了，何况一个小孩子呢？随着离婚率逐渐地提高，建议那些有了孩子要离婚的人们，多为了孩子想一想。孩子是最无辜的，不要把你的快乐建立在孩子的痛苦上，也建议你在生孩子的时候先确定一下自己的心理到底成熟了没有？不要生了一个又一个的，避免到时又说是累赘。孩子已经受不了那种无辜的抛弃！

不要让孩子成为离婚的砝码

当婚姻变成一种游戏，当离婚成为一种时尚，当换婚成为一个另类，那么，在此我想说的是：如果没有孩子的情况下，爱怎么离就怎么离，如果有了孩子，希望双方父母多为孩子做好打算，不要让孩子成为离婚的砝码。

最近贾静雯与前夫孙志浩争夺女儿梧桐妹抚养权打得沸沸扬扬，名人都是如此，何况普通百姓？离婚最苦的就是孩子，当孩子用泪眼看着两个大人如仇人一样红了眼，当孩子胆怯于父母的吵闹，当孩子无助于被抛弃的困境，我们的孩子该何去何从？

或许，对于大人来说离婚算不得什么，大不了打个翻天覆地，大不了为了自己的尊严甩了对方。其实，就怕这种想法，就怕是双方在吵闹的过程中没有为孩子想想，当两个人都把愤怒倾注在离婚案子上，往往忽略的就是孩子。虽然，我们看到双方都在争夺抚养权，或是都不要孩子，孩子在那尴尬的泪眼相向，这对孩子来说真是一种残忍。

稍小一点的孩子没有自主权，在法庭上不能回答法官的提问。稍大一点的孩子仿佛有了自主权，面对法官的询问：你跟爸爸，还是跟妈妈？孩子往往哭着回答：我想跟爸爸，也想跟妈妈，然后哭泣不语。那时，在孩子心里多么渴望父母能够和好啊？可是，有些婚姻既然走到破裂就无法挽回，当两个大人依旧无顾于孩子的感受而吵吵闹闹，孩子早已受了心伤。

对于打算离婚的夫妻来说，我真的希望先协商好孩子的安置问题，再去分家产，不要让孩子成为离婚的砝码，这对于孩子来说太不公平。现实中离婚后大多的孩子都跟了母亲，可是，这同样并不代表着幸福，一般国内的母亲收入都比较低，很多时候经济成为抚养孩子最大的障碍，经济的窘迫再加上离婚后母亲情绪的波动，势必对孩子也造成不良的影响。于是，我们看到有些跟了母亲的孩子性格发生裂变。所以说，离婚时女人选择要孩子，首先要考虑一下自身的经济和能否给孩子一个良好的精神状态，如果经济稍微差点，精神上能保持一颗平常心，那么，建议孩子还是跟了妈妈，这样对孩子的成长有利。另一方面，我们看到大多数跟了爸爸的孩子，基本都安置在老人家里，男人始终没有照顾孩子的耐心，而且男人再婚的速度出乎我们的想象，再要一个孩子成了必然的结果，于是，很多孩子仅仅成了下一个婚姻的替代品，孩子得不到家的快乐。建议男人要孩子时，先考虑一下孩子是在自己手里抚养，还是交给老人抚养，如果不能确保孩子的抚养条件，还是缓一缓争夺孩子抚养权的冲动。

当然，我们希望离婚的双方都能静下心来多为孩子想想，不要让孩子成为离婚的砝码。

过期的婚姻，还能重圆吗？

当曾经爱得死去活来的两个人，转身已成陌路。当你倾尽所有也挽不回他决然离去的脚步，那么忘记是最好的选择。

可是，大多数的时候我们往往走不出心的禁锢，因为毕竟当初曾深深的爱过，而当这种爱无视的走过的时候，早已在心上刻下一道深深的伤痕。每当天空飘雨的时候，心也会隐隐作痛，这真是一种人生的无奈。

晓雨曾经是一个喜欢幻想的浪漫女孩，在嫁给伟之后，晓雨迷失了自己，她为了伟彻底改变了自己，从一个浪漫的小女孩彻底变成了一个勤快的小主妇。她一心一意地爱着伟，无微不至的照顾着他的生活，而伟始终像一个被宠坏的孩子，总觉得这份爱光有温暖却缺少一份激情。贪玩的孩子总有一种想偷吃甜点的欲望，终于有一天伟背叛了晓雨，而且毫不留情的向晓雨提出离婚的请求，晓雨痛苦极了，她始终弄不明白的是为什么自己全心的付出换来的只是一片虚无。而伟也不顾晓雨的苦苦挽留决然离她而去，很长的一段时间里晓雨都无法正视自己的伤痛，因为每一次伤痛的发作，晓雨都会痛不欲生。

在失落的这段日子里，有一个曾经爱过晓雨的男子在默默地陪着她，默默地等待晓雨的恢复，晓雨终于被他感动，嫁给了他。可是就在她结婚半年后，伟再次出现在她的面前，请求她的原谅，曾以为伤愈的心不会再痛，可是当再次面对伟时，晓雨竟心痛得一塌糊涂，她真担心自己有一天会不会再次抑制不住自己的脚步，重新回到原来的生活。面对两份感情，她该何去何从呢?

其实，人生本来就有许多无奈，当爱已成为一种过去式时，还有回头的必要吗？要知道过期的爱会损害人的健康，一味停留在爱的回忆里，对自己是一种不公平的对待。如果这份爱带来的只有受伤，那么向前看，才会有美好的未来。

今天看到这样的一段话：每个女孩都是无泪天使，只有遇到所爱的男孩才会使她流泪，从而变成凡人，而失去整个天堂。所以如果你不能给她幸福，就不要再来纠缠她，毕竟她曾为你流过泪，受过伤，要知道从天使变成凡人是需要很大的勇气的。